G. LE ROY LIBERGE

La Chine
encore chinoise

IMPRIMERIE DE MONTLIGEON

LA CHAPELLE-MONTLIGEON (ORNE)

—

1926

La Chine

encore chinoise

G. LE ROY LIBERGE

La Chine
encore chinoise

IMPRIMERIE DE MONTLIGEON

LA CHAPELLE-MONTLIGEON (ORNE)

1926

Madame Le Roy Liberge

née de Villepin

Ore chinoise

LA CHINE ENCORE CHINOISE

CHAPITRE PREMIER

La vie à Pékin.

Dimanche, 28 septembre 1913.

Nous sommes loin de nous douter, en France, qu'il faut se hâter de venir à Pékin si l'on veut y trouver un reste de couleur locale, tant l'évolution qui se produit en ce moment à l'exemple du Japon, entraîne rapidement l'européanisation des grands centres. Les Chinois coupent leurs nattes et s'habillent en veston; les femmes ne se bandent plus les pieds; les rues de la capitale, autrefois de vraies fondrières, sont presque aussi bien entretenues que nos artères parisiennes; on y voit déjà quelques automobiles circuler! Enfin, le vent révolutionnaire, qui souffle depuis quelques mois, s'attaque, comme dans nos pays latins, aux croyances et aux traditions les plus sacrées. Dans le temple du Ciel, autrefois réservé au seul empereur pour offrir le sacrifice national, siègent les sénateurs et les députés en train de rédiger la Constitution nouvelle.

Au temple de l'Agriculture, où naguère le souverain traçait en grande pompe le premier sillon de l'année, on a institué un kiosque à musique.

Dans plusieurs endroits, les monuments les plus anciens les plus vénérés jusqu'ici, ont été livrés au pillage; on a vendu les statues et les ornements, ni plus ni moins qu'en France depuis les inventaires. A Moukden, les *trésors* du palais impérial, dont on visitait l'admirable collection, ont disparu en partie; enfin, on a été jusqu'à prescrire (par un décret) de supprimer dans les écoles le culte de Confucius !

Par contre, les dames chinoises commencent à réclamer l'instruction intégrale. Une suffragette, qui se fait appeler *monsieur* et prononce en public des discours de quatre heures, a été nommée conseiller du gouvernement et reçoit des appointements; une nouvelle ère s'ouvre pour la Chine; nul ne saurait prévoir ce qui en résultera.

Nous venons d'assister à des événements sensationnels; les journées du 6 et du 10 octobre resteront historiques, car la première a vu l'élection du président de la République, la seconde la proclamation officielle et la reconnaissance par les puissances européennes de la forme de gouvernement qui a succédé au millénaire régime impérial. L'enfant, qui représente aujourd'hui ce régime déchu, confiné dans un coin du palais, n'en a gardé que le titre et les rentes ! La nomination de Yuan-Shi-Kaï n'a été obtenue qu'au troisième tour de scrutin, et il a fallu enfermer les membres du Congrès, comme les cardinaux du Conclave, pour obtenir ce résultat. Détail comique : une explosion de magnésium, dûe à un photographe indiscret, les a mis tous en fuite, et on a eu de la peine à ramener des braves électeurs à leurs bancs.

Deux jours après s'ouvrait la superbe salle du Taï-hotien, précédée de la cour de marbre au toit orangé, au plafond luxueusement décoré de peintures et de laques, soutenu par des colonnes de bois de cèdre doré; naguère sous ses lambris, s'élevait le trône en bois sculpté de la vieille impératrice, qui, avec sa haute tiare mandchoue, sa longue robe magnifiquement brodée, assise devant une petite table couverte d'objets précieux, recevait les ambassadeurs en audience solennelle et leur adressait la parole de sa voix mélodieuse, tandis que son neveu, l'empereur Kouang-Su, était assis à ses pieds. Aujourd'hui, le nouvel élu du peuple chinois monte sur l'estrade pour prêter serment à la Constitution et recevoir les félicitations de tout le corps diplomatique, seul admis à la cérémonie, et l'hommage du prince Poulouit, ancien héritier de la couronne. Il passe la revue des troupes d'une des hautes tours du palais; une garde nombreuse et des mitrailleuses toutes chargées sont là pour le défendre contre toute surprise, car, le matin même, on a découvert des bombes chez le chef de la police de Pékin, qui sera probablement, comme celui de Canton, exécuté sans jugement.

Cependant, le lendemain une fête d'un genre tout nouveau à Pékin, une garden-party, permettait à la société européenne de pénétrer dans cette ville violette, si jalousement fermée jusqu'ici, et qui empruntait peut-être à ce mystère une partie de son charme. Le Président et la Présidente (car Mme Yuan-Shi-Kaï, une maîtresse femme, la première des dix épouses a été admise pour la première fois à partager les honneurs rendus à son mari) recevaient, sous une tente dressée dans les jardins du palais et décorée dans le goût chinois, c'est-à-dire d'une façon assez criarde, avec des multitudes de petits drapeaux, de fleurs en papier et de verres de couleurs; à l'entrée des invités de marque, un piquet de soldats, hauts de six pieds, rend les honneurs et exécute un petit air de musique; puis les dames montent en chaise, les messieurs en pousse-pousse pour parcourir les quelques centaines de mètres, le long du grand lac, couvert de lotus et de nénuphars.

Yuan-Shi-Kaï arrive en costume de général bleu de ciel. Sa figure joviale, aux traits énergiques, est rayonnante; c'est pour lui le jour du triomphe et la revanche éclatante de ses disgrâces passagères; il serre les mains tendues avec empressement et fait inviter les dames à prendre part à la collation somptueusement servie, puis à se promener dans les jardins réservés. Un immense brasier de pétards, qui éclatent soudain, donne le signal de la dispersion et, guidés par les diplomates chinois, dont quelques-uns parlent très bien français, nous pénétrons dans les petits pavillons bas aux chambres minuscules, aux murs de papier, avec des vitres fermées, voilées de portières, où se disssimulait la vie privée des souverains.

C'est là que la vieille impératrice avait fait bâtir à son acteur favori un kiosque tout près du sien, d'où elle pouvait le voir jouer par une galerie secrète dans son théâtre privé.

Tous ces pavillons sont érigés au milieu de jardins de rocailles, de canaux reliés par des ponts de marbre en dos d'âne, et plantés d'arbres verts. Malheureusement, presque toutes les œuvres d'art ont disparu dans les pillages successifs du palais.

Pour aller rejoindre les équipages à l'autre bout du lac, une élégante jonque couverte prend les passagers et passe devant l'île, où le pauvre empereur Kouang-Su a vécu dix années de dure captivité, après son essai de révolte contre sa terrible tante, qu'il a précédée d'un jour dans la tombe. Avec ses toits de tuiles lapis, émergeant des massifs d'arbres, l'île est bien une prison dorée. A ce moment, le soleil couchant incendie les murailles rouges de l'enceinte et allume un reflet sanglant dans les eaux du lac. C'est sur cette vision tragique de la vie chinoise que nous quittons ces jardins enchantés, où tant d'intrigues se sont dénouées dans la mort et qui ont vu finir la dernière impératrice de Chine.

CHAPITRE II

Aspect de la ville.

Les rues, dans le quartier des Légations, sont à peu près aussi propres qu'à Paris, plantées d'arbres avec des trottoirs dallés. Dans la ville chinoise aussi, les grandes avenues sont suffisamment entretenues pour qu'on puisse circuler en landau sans être beaucoup plus cahoté que sur la place des Invalides. Ces avenues, larges comme nos boulevards, sont bordées de boutiques avec enseignes dont les plus anciennes ont une devanture en bois doré et sculpté, très jolie, et de maisons à un étage, assez misérables.

Le coup d'œil de la rue est moins animé qu'à Canton; il y a cependant les rick-shasv très nombreux — car une moitié de la ville est occupée à traîner l'autre — qui circulent en montrant à nu leur buste couleur pain d'épice et sans le moindre couvre-chef sous le soleil torride; les porteurs de paniers contenant d'énormes radis roses, des poires, des pommes ou des pastèques; les voitures à l'européenne — et même quelques autos — il y en a 7 ou 8 — mais pas encore de tramways, et enfin les innombrables petites charrettes chinoises, bâchées de toile bleue, sans ressort, le véhicule local si incommode mais bien caractéristique.

L'enceinte de la ville impériale a été ouverte en plusieurs endroits pour laisser le passage libre, car autrefois elle obligeait à de longs détours, mais comme Yuan-Shi-Kaï habite une partie du palais où il est gardé par de nombreuses troupes, cette partie reste interdite au public. Nous sommes passées hier sur le pont de marbre, d'où la vue embrassait autrefois les deux lacs et la Montagne de charbon couronnée d'un joli kiosque, mais la vue est maintenant murée à gauche et bien moins jolie.

Ces enceintes et ces portes monumentales à toitures recourbées et orangées qui font partie de la ville impériale, ont certes leur style chinois bien pur, mais, pour notre goût, il n'est imposant que par ses dimensions souvent colossales, et ne répond pas à notre idée du beau, et bientôt le mystérieux attrait qu'exerçait la ville interdite aura disparu, puisque tout en sera connu : les trésors d'objets d'art ancien que renfermait le palais ont été tant de fois pillés par les Européens qu'il n'en reste presque plus (1).

C'est la grande distraction ici, de chercher ce qu'on appelle les *curios* — c'est à qui dénichera les plus jolis et les paiera le moins cher — et on se les montre, et on se les arrache !

Nous avons visité les ouvroirs de la Sainte-Enfance, où sont recueillies les malheureuses fillettes abandonnées, ou vendues par leurs parents pour un ou deux dollars, car ce n'est pas une légende, et la supérieure nous citait telle province de la Chine où il a été noyé tant de petites filles que les hommes y manquent de femmes à épouser. Ces pauvres petites sont donc recueillies par les Sœurs qui leur apprennent le chinois et en font de bonnes catholiques; puis les marient. Il y en a aussi qui se font religieuses, et ce ne sont peut-être pas les plus malheureuses, car les belles-mères chinoises sont toujours aussi terribles et aussi jalouses de leurs belles-filles.

Ces petites Chinoises font d'assez jolis travaux de dentelle et de broderie, mais elles travaillent très lentement; elles se font aussi leurs vêtements d'hiver en doublant ceux d'été avec de la ouate, car ici la laine est inconnue.

Les Chinois mettent l'hiver tous leurs vêtements les

---

(1) C'est de là que viennent les brûle-parfums en cloisonné, les lions de bronze doré, les meubles laqués et incrustés qui font le plus bel ornement des salons.

uns par dessus les autres, et les dépouillent au printemps à mesure qu'il fait moins froid.

Nous avons vu les catéchumènes parmi lesquelles il y a des femmes de tout âge, même des mères de famille avec leurs babies. — On les héberge pendant quatre mois pendant que leurs maris en font autant chez les Pères. — Il y a aussi des prêtres chinois.

CHAPITRE III

Temple du ciel.

Aujourd'hui, première visite au temple du Ciel, la promenade classique de Pékin, par une chaleur torride. Nous quittons le landau qui nous a fait traverser le pittoresque faubourg de Chien men, pour pénétrer à pied dans l'enceinte de 5.780 mètres de tour, dont tous les monuments ont été respectés. Là, au sein d'immenses espaces entourés de murailles élevées, se déploie cette ordonnance vraiment grandiose, qui symbolise la pensée peut-être la plus philosophique qu'il ait été donné à des païens de concevoir : avoir voulu que l'Empereur, prêtre suprême, après avoir jeûné la nuit précédente, officiât à la face du ciel, du haut de cette esplanade circulaire, le Yuan K'ien qui représente le monde, sans l'intermédiaire d'aucun monument humain, pour appeler sur la terre la bénédiction de la puissance inconnue qui règne dans les cieux; c'est une idée grandiose, poétique, qui se rapproche un peu du culte musulman, lequel n'admet aucune idole pour représenter la divinité. C'est l'hommage le plus pur et le plus élevé qu'après le judaïsme pouvait recevoir le maître du ciel, auquel la tradition — conservée depuis Abel — enseignait qu'il fallait offrir des sacrifices, et les holocaustes étaient, en effet, complets : les taureaux étaient consumés dans la fournaise, les pièces de soie brûlaient tout entières dans les gigantesques encensoirs de bronze placés de chaque côté de l'autel circulaire. Ses trois plateformes concentriques, en marbre blanc, étaient entourées de 360 balustres, nombre égal à celui des degrés de la sphère céleste, et c'est sur ces gradins que les hauts mandarins, en splendides costumes, tous prosternés autour du Chef de l'État, offraient un tableau unique. Malgré le changement de régime, il est question, en ce moment, de reprendre la tradition, mais Yuan osera-t-il se montrer ainsi en public?...

Une allée dallée de 50 mètres de large, mène ensuite à une première rotonde tuilée de bleu lapis, puis, en traversant le parc, aux ombrages séculaires, et plusieurs portiques rouges aux énormes portes constellées de clous dorés, au Tsi-nien-tien. C'est là le bijou de l'architecture chinoise. Ce pavillon en rotonde, au triple toit d'émail bleu, ceinturé de tuiles de lapis, soutenu par des piliers de cèdre décorés de dragons et peints dans des tons de tapisserie qui se marient doucement au bleu lapis, si bien que le monument ressemble à un bijou cloisonné posé sur un socle d'albâtre. C'est une triple terrasse toujours encorbellée de balustres à laquelle accèdent quatre triples escaliers; celui du centre, taillé en pente douce, avec des dragons en relief, pour le passage de l'empereur.

A travers les vitres en papier des portes en treillis, j'aperçois la salle ronde soutenue par des piliers laqués de rouge et dorés, où naguère officiait le souverain dans une atmosphère bleuie par des écrans de verre avec des ustensiles en porcelaine bleue, le tout de la couleur du ciel, et où, depuis, ont palabré les membres du parlement appelés à rédiger la constitution sitôt démolie que votée, par le coup d'État de Yuan-Shi-Kaï.

Mercredi soir, 1ᵉʳ octobre.

Petit à petit, je m'initie à la vie pékinoise. Ce soir, nous avons fait notre première tournée de *curios* chez les marchands de soie avec la femme du Dʳ S..., l'aimable explorateur, qui parle très bien le chinois et qui s'entend à merveille à marchander. Nous sommes parties en pousse par la porte de Chien men, le long du

canal à sec, en soulevant des tourbillons de poussière.
Puis, laissant la grande rue chinoise bordée de boutiques dorées, nous nous sommes enfoncées dans les
petites ruelles où deux pousses peuvent tout juste se
croiser. Il faut suivre encore des allées sombres au bout
desquelles on trouve des petites cours fermées sur lesquelles donnent ces magasins, généralement obscurs. Il
y a juste une table et deux fauteuils; les peaux de
renard, de zibeline, d'hermine pendent au plafond; les
broderies sont rangées sur des planches au fond ou dans
des coffres (il y règne souvent une odeur infecte); alors,
patiemment le marchand commence à déplier tout son
stock, surveillant du coin de l'œil si vous manifestez une
préférence et ne s'impatientant jamais si le mot *poèhaho*
(je n'en veux pas) revient à chaque fois. Quand on a
mis de côté un certain nombre de morceaux, le marchan-
dage commence, mais si l'on ne sait pas la langue, je
me demande comment on peut réussir? Chez le premier
marchand, pour une assez jolie robe brodée, j'ai obtenu
10 francs de rabais, mais chez le second, où je voulais
faire un échange, toute la diplomatie de Mme S... a
échoué, car il avait trop gagné à sa première vente, et
je n'ai pu avoir une robe et un tapis qui me plaisaient
beaucoup. Il faut, paraît-il, y retourner sans se lasser
jusqu'à ce qu'il rabaisse.

En attendant ces dames, toute la populace s'amassait
autour de mon pousse et me dévisageait comme une
bête curieuse, aussi n'ai-je pas été fâchée de voir un
policeman venir la disperser, et je me suis dit que pour
mon voyage en Chine, il me fallait absolument un garde
du corps.

En revenant à la nuit, tout le quartier était allumé,
les dorures des boutiques scintillaient, la haute porte
semblait encore plus imposante, et le long du canal
nous avions peine à circuler tant la foule était grande,
attirée par les marchands de fritures et de victuailles
installés en plein vent.

Hier soir, c'est sur la grande muraille que nous avons

fait notre promenade, à la lueur des étoiles. C'est un coup d'œil très curieux que cette allée suspendue à 20 mètres de haut, bordée de buissons qui ont poussé dans la pierre et d'où l'on domine tout le quartier éclairé. On pourrait faire ainsi le tour de Pékin.

CHAPITRE IV

Palais d'été.

Samedi, 4 octobre.

Je suis convertie à l'art chinois depuis ma visite au Palais d'Été. La promenade, sur cette route, la seule carrossable aux environs de Pékin, est déjà très intéressante par elle-même. Dans un confortable landau traîné par deux braves mules, nous avons traversé en diagonale toute la capitale : d'abord, le quadrilatère formé par le quartier européen, puis les majestueux boulevards bordés par les murs rouges de la ville impériale, dominée aux quatre coins par ses quatre pagodons, et plus loin par la montagne de charbon aux quatre kiosques ajourés dont l'un a une délicieuse toiture couleur de turquoise : ensuite, la ville tartare, le quartier aristocratique et désert des yamens habité par les princes mandohous — tous en fuite depuis la révolution, mais aux portes desquels veillent des gardiens en uniforme militaire et demeurent des herses en bois rouge interrompant la circulation — ensuite la ville chinoise, commerçante et populeuse, qui déborde au-delà des grandes murailles, et de la porte de *Litchoemen*, par laquelle nous passons. C'est la partie la plus avancée et la plus amusante, avec ses devantures de boutiques en bois doré et sculpté, ses étalages de fruits par petits tas (où dominent en ce moment les sakis pareils à des oranges), de nippes, de légumes, tout le train-train de la vie chinoise populaire; les ventes à la criée dans la rue où les vêtements s'achètent pour quelques sous, les barbiers en plein air, les petits garçons qui se roulent tout nus dans la boue ou dans la poussière. Les femmes, toujours nu tête, avec la haute coiffure tartare ornée de

fleurs, ou avec la queue de pie, toujours très soigneuse-
ment arrangée malgré leur pauvreté; les restaurants,
sorte de galerie ouverte au 1er étage; les stations de
pousses et de charrettes chinoises attelées de poneys et
de mulets, et surtout les longues files de chameaux
mongols si caractéristiques au repos ou en marche.

La voie dallée du milieu est réservée aux voitures
bourgeoises et aux pousses, les bas côtés aux lourdes
charrettes et aux cavaliers; c'est là que sont les trous et
les fondrières. En effet, je dois revenir un peu sur ma
première impression et reconnaître que la voirie laisse
encore beaucoup à désirer, car pendant les deux heures
que nous mettons à franchir la distance qui nous
sépare du Palais d'Été, nous sommes affreusement caho-
tés, et peut-être aurions-nous été mieux en pousses avec
ces coureurs qui évitent les trous et vont aussi vite que
les chevaux.

Mlle P..., mon aimable compagne du Transsibérien,
me montre l'endroit où ont éclaté les bombes et les
incendies qui, un beau soir, il y a deux ans, ont annoncé
la révolution : c'étaient les troupes impériales non sol-
dées qui prétendaient se payer elles-mêmes en pillant
et en brûlant. Yuan Shi Kaï a laissé faire, et même,
dit-on, encouragé ces désordres pour se rendre nécessaire.

Nous croisons le long du canal qui relie Pékin à la
montagne, une longue file de chameaux à la démarche
majestueuse, au sortir des faubourgs, où maisons et
habitants deviennent de plus en plus pouilleux.

La campagne est beaucoup plus verte et plus boisée
que le côté Nord par lequel nous sommes arrivés à
Pékin. Des champs de choux chinois, des rizières forment
des taches de verdure dont l'œil se repaît avidement.
De beaux saules ombragent le chemin et parfois il
longe des étangs couverts d'une mousse verte.

Nous rencontrons de nombreux omnibus composés
d'une simple charrette bâchée, prolongée de quelques
planches en avant et en arrière, où s'entassent des

grappes humaines, puis des marchands ambulants portant leurs éventaires sur l'épaule, aux deux bouts d'une longue perche; de gros Chinois en robe sur de tout petits ânes, des pousses et même quelques automobiles.

Nous longeons les enceintes de grands parcs entourés de murs, maintenant inhabités, anciennes demeures de princes ou de dignitaires qui suivaient la cour dans ses déplacements et qui ont fui après la révolution, mais leurs biens n'ont pas été confisqués, car Yuan Shi Kaï, au fond, ménage toujours les deux parties : ce jeu de bascule lui a si bien réussi !

Dans les fermes qui bordent la route se passent des scènes d'un primitif charmant : ce sont des coolies à moitié nus qui dépiquent le riz en frappant les gerbes sur des blocs de bois, d'autres qui font rouler une meule de pierre autour d'une table pour écraser le grain. La moisson est faite, mais les gerbes blondes sont encore dans les champs.

Un peu avant d'arriver au gros bourg d'*Haïtien* dont la traversée est rendue pénible par l'inégalité des dalles usées, on aperçoit sur la gauche, dans des bouquets d'arbres, la petite pagode de Wou-tu-se, dont les cinq tours rappellent un peu, par leur forme, celles des temples hindous.

Enfin, nous voici au pied de la montagne dont nous apercevons depuis Pékin les crêtes ondulées, les flancs profondément ravinés, car ils surgissent soudain dans la plaine. L'air lavé par la pluie d'hier est d'une admirable limpidité; le soleil est brillant sans être trop chaud; la lumière admirable d'un superbe jour d'automne prête à ce paysage un coloris éblouissant.

Le landau s'arrête à la porte du Worn-cheou-nan, où sont déjà dételées quantités d'autres voitures dont les occupants ont profité, comme nous, de ce jour de permission qui revient tous les cinq du mois (1). Dans

---

(1) Depuis cette époque, on peut visiter tous les jours avec des cartes.

quelques salles aménagées pour les touristes, nos boys vont préparer le lunch tandis que nous partons pour visiter le palais après avoir montré nos cartes. Une douzaine de guides, petits et grands, s'arrachent l'honneur de nous conduire, et malgré le pur chinois que parle ma compagne, nous avons bien de la peine à nous débarrasser de ces accompagnateurs bénévoles, en quête d'un pourboire. Une fois la grande porte rouge franchie, on se trouve dans une première cour décorée d'animaux en bronze, de grandeur naturelle, phénix, paons et lions, et d'énormes cuves, suivant l'invariable coutume chinoise. On arrive ensuite, par une série de petits passages, en contournant les pavillons tous impénétrables qui servaient de logement (officiel) à l'impératrice et à la cour, au bord du fameux lac dont la nappe bleue s'étend au loin entourée tout entière par une balustrade de marbre. Au centre s'élève une île reliée à la rive par un immense pont de marbre à 17 arches, dont la courbure élégante fait penser au dos d'un dragon serrant ses replis. Une vache en bronze sur laquelle est gravée une ode de Kien-Sung, datée de 1755, est érigée auprès.

Cette île, couverte de rocailles de verdures, dont émergent quelques pagodons, forme un charmant sujet au milieu des eaux. Nous avons tout le temps d'admirer les divers aspects en suivant la galerie couverte décorée de peintures qui règne tout le long de la pièce d'eau, et qui servait autrefois de promenade aux princesses par ses jours de mauvais temps. Cette charmante galerie passe au milieu des pins centenaires, des buissons qui, au printemps, se couvrent soudain d'un nuage de fleurs, et du côté de la montagne on entrevoit des allées ombragées bordées de rocailles, des kiosques élégants disséminés dans les jardins. On arrive au centre du lac où s'élèvent les superbes portiques du Puilou qui servaient autrefois d'embarcadères. Lorsque la vieille impératrice accordait des audiences au printemps ou à l'automne, après avoir reçu ses hôtes dans la grande salle, elle descendait de son trône, disait un mot aimable à chaque dame et présidait à la collation; puis toutes les princesses en belles robes de soie brodée, aux hautes coiffures rehaussées de perles et de fleurs, entraînaient les dames dans les jardins alors tout garnis de plantes rares et de fleurs. Les eunuques imposants, aux dalmatiques dorées, leur faisaient avancer des chaises à porteur, car jamais les princesses ne marchaient sur leurs hauts talons mandchous, et cet essaim de jeunes et rieuses beautés se promenait ainsi dans les jardins ou bien montait dans les bateaux remplis de friandises et allait goûter dans l'île.

La vieille souveraine, qui se levait à 5 heures du matin pour présider le conseil de l'empire, n'attachait pas moins d'importance à sa toilette et la renouvelait plusieurs fois par jour; elle adorait les fêtes.

Ceux qui ont vu sa cour si brillante, comparent le Palais actuel muet et désert à Versailles sans la cour du grand roi (Two years in the forbidden city).

Au centre du coteau qui domine le lac s'élèvent les pavillons du palais proprement dit, qui sont posés à différentes hauteurs sur la montagne et reliés par d'immenses escaliers en zigzag; leurs toits oranges en tuiles vernissées brillant comme de l'or et leurs courbures gracieuses se découpent sur le ciel bleu formant une éclatante symphonie de couleurs; le plus élevé de tous, qui domine l'emsemble comme une aire aérienne, est couronné d'un triple toit à la chinoise : il a pour socle un cube en pierre, d'une grande hauteur, imité du style thibétain, qui lui donne l'aspect d'un temple. Les murs sont en briques jaunes vernissées, couverts de petites niches émaillées en vert, dont chacune renferme une idole de 20 centimètres de haut.

Au lieu de gravir péniblement des centaines de marches à l'assaut de ce pavillon, nous poursuivons jusqu'à la jonque fantastique en marbre blanc qui symbolise assez bien la Chine éternellement pétrifiée dans ses anciennes coutumes, et prenons un sentier dallé qui fait doucement l'ascension de la colline au milieu des rocailles, des arbres, des fleurs sauvages; il nous amène au point culminant, derrière le pavillon central, d'où nous embrassons un panorama étrange et charmant. C'est un échafaudage de toits en cascade, descendant au milieu de la verdure jusqu'à la nappe d'eau, encadrée par la chaîne bleue des montagnes de l'ouest.

Parmi eux se remarque le Temple de bronze qui a résisté à l'incendie de 1860, posé sur un piédestal de marbre avec escaliers et balustrades couverts de briques, pour empêcher les vols du métal précieux.

Dans ce cadre, la fantaisie d'une impératrice a semé à pleines mains les constructions les plus originales et les trouvailles horticoles dans le goût chinois. Il en résulte un délicieux fouillis où l'art et la nature sont confondus, si bien qu'on ne sait où s'arrête l'un, où commence l'autre, et c'est le triomphe de cet art chinois qui représente si bien le caractère de ce peuple dont on ne peut jamais deviner la pensée.

En contournant la colline par l'allée de ronde fort bien entretenue, nous verrions les ruines du palais brûlé qui ont conservé d'énormes pans de murailles thibétaines et de ravissants pagodons de faïence, puis des bassins rappelant ceux de Versailles, des massifs d'arbres et de pivoines qui doivent former des buissons ravissants, mais aujourd'hui le temps nous presse, et nous redescendons par un sentier qui nous ramène au théâtre de la cour, le seul bâtiment où l'on puisse pénétrer.

CHAPITRE V

La Fontaine de Jade.

C'est un énorme pavillon à deux étages, pourvu d'une scène et séparé complètement par une cour de la salle d'où l'impératrice assistait aux représentations; mais lorsqu'il pleuvait, cette course se tendait d'un velum; d'ailleurs, on sait que les pièces chinoises peuvent sans inconvénient être interrompues.

Notre visite, quoique rapide, avait duré deux heures, et nous faisions honneur au lunch servi sous la galerie des étrangers, heureusement séparée du public par une grille contre laquelle une bande d'enfants s'écrasaient en nous regardant de leurs yeux avides, et répétant comme un refrain : Madame, donne un cent !

A deux heures, nous repartions en pousse pour aller à la Fontaine de jade qui faisait partie d'un palais plus ancien, détruit par les alliés en 1860, et dont on voit encore quelques portiques en marbre blanc, épars dans la campagne : la route passe au pied d'un mamelon que couronne une pagode à plusieurs étages, suit le canal et court à l'ombre des vieux saules. Elle traverse un amusant petit village où l'on retrouve comme une miniature des faubourgs de Pékin.

La fameuse fontaine, qui doit son nom à la couleur de ses eaux, jaillit du rocher et forme un étang dont on voit le fond et les moindres herbes à travers la nappe cristalline qui s'épanche dans un ruisseau. Nous prenons, à travers les bosquets de pins et d'arbres au tronc d'argent, un sentier qui serpente au milieu des grandes herbes et nous mène à l'enclos d'un temple en ruines, qui est bien le plus délicieux endroit que j'aie rencontré. Ici les ruines sont naturelles et envahies par les glycines, les herbes folles et les vignes vierges qui commencent à rougir; le temple est encore debout avec sa toiture en tuiles vertes et oranges. Ses murs, revêtus des mêmes tuiles, forment des niches vernissées qui renferment chacune une petite idole. Il y a même un grand brûle-parfum en bronze sur son socle de pierre qui commence à s'effriter sous la rouille des siècles, des débris gisent çà et là; malheureusement, les bas-reliefs en pierre qui décoraient les murailles et représentaient des transformations du Bouddha ont été dénichés par des vandales, mais on a respecté un bijou de petit pagodon tout entier en faïence vernissée qui n'a que 15 pieds de haut, et qui est posé sur un monticule voisin, comme sur une colonne. Les six pans de ses étages sont percés de niches contenant des statues minuscules de Bouddha. C'est un spécimen exquis de ces stupâs bouddhiques qui s'érigent à chaque pas en Chine, et dont le modèle a été importé de l'Inde, au VIIe siècle après J.-C. par le pèlerin Hiésoug qui, en introduisant en Chine la religion de Cakya-Mouni avec son culte et ses accessoires, a révolutionné l'art chinois, jusque-là immuable comme les rites, et lui a fait subir une heureuse transformation.

CHAPITRE VI

Proclamation du Président.

Lundi, 6 octobre.

Nous avons eu le soir, à la légation de Belgique, un dîner que l'on peut qualifier d'historique, puisque c'est le premier où un toast a été porté par des représentants des nations étrangères au Président Yuan Cheu-Kaï. Les résultats du 3ᵉ tour de scrutin reçus au milieu du repas, ont été aussitôt communiqués à M. de C... qui s'est levé, et a prononcé le toast suivant :

« On vient de nous annoncer l'élection du président Yuan Cheu-Kaï. Je vous propose, au nom des nations représentées ici se soir, de boire à sa santé et de souhaiter à la république chinoise toutes sortes de prospérité. »

Quelques minutes après, M. Sun Pao Chi, ministre des Affaires étrangères, qui était mon voisin, ainsi que le général Aolki, se levait et répondait en chinois pour remercier les puissances, et dire que la Chine souhaitait resserrer avec elles ses liens d'amitié. Ses paroles furent aussitôt traduites en français et chacun vida de nouveau son verre.

Comme il paraissait d'excellente humeur, je dis au ministre, après l'avoir félicité : tâchez que les femmes chinoises ne fassent pas, elles aussi, la révolution du costume, car ce serait bien dommage. Il sourit, en m'assurant que non, et j'ai su depuis que sa femme avait conservé la petite veste et le pantalon de soie noire qui ont remplacé les belles robes d'autrefois.

Il paraît qu'au point de vue politique, elles commencent pourtant à s'agiter. Il y a un certain nombre de suffragettes, entre autres une nommée *Shen-Pei-Tchen,* qui se fait appeler Monsieur et porte un costume semi-masculin; elle est capable de pérorer pendant quatre heures, et pour ne pas l'avoir contre lui, Yuan Cheu-Kaï, à qui elle avait proposé de créer un corps d'amazones pour le défendre, l'a nommée Conseiller de la présidence avec 300 dollars par mois. Il y a aussi *la princesse Der Ling*, qui a fondé une espèce de club de dames à Pékin, et 54 dames blanches, mariées à des jaunes, se sont groupées pour se soutenir et se consoler de leurs mésaventures. Enfin, il se publie à Pékin le *Unpao* (journal des femmes), et on a ouvert des écoles de filles, mais on a beaucoup de peine à trouver des institutrices.

Le 28 septembre, on célébrait au Club Koukouang une cérémonie funèbre à la mémoire d'une féministe, dont le nom restera célèbre dans les annales de l'enseignement en Chine.

Mme Wou, tel est le nom de l'héroïne, est morte le 10 septembre dernier, à l'âge de trente-trois ans, dans des circonstances particulières qui valent d'être narrées.

Née à Soutcheoù, et mariée de bonne heure à un mandarin qui dut bientôt la quitter pour satisfaire aux exigences de sa carrière, Mme Wou se trouva longtemps isolée. Elle n'en continua pas moins à rester fidèle à son mari et à servir ses beaux-parents avec la plus parfaite piété.

Les ans s'écoulèrent et son mari ne revenait toujours pas. Mme Wou, durant son isolement forcé, se rendit compte de la situation où pouvaient être ses semblables, et médita sur leur sort. Elle se dit que le travail pour les femmes serait à double fin, d'abord en les tirant du désœuvrement, ensuite en leur donnant des moyens de subsistance.

Elle se mit donc à fréquenter les écoles professionnelles, et apprit tour à tour l'élevage des vers à soie, le tissage, la broderie, la machine à coudre, etc.

Quand elle fut passée maîtresse dans ces arts divers, elle songea elle-même à ouvrir une école. Elle demanda un local à cet effet, et le Club du Kiangsou lui fut concédé. Mais un homme de cette province logeait dans ce club et fit de la résistance. Il ne voulait pas partir. Un procès fut engagé qui donna gain de cause à Mme Wou. Mais ce fut en vain. L'homme continua sa résistance, et fit tant et si bien que la pauvre Mme Wou, excédée de chagrin, tomba malade, s'alita et mourut.

Telle est celle dont on a honoré la mémoire dimanche, sur l'initiative de la grande féministe, Miss Shen Pei Chen.

Selon le tradition en pareil cas, des légions d'inscriptions avaient été pendues, dans toute la salle.

Sur un côté de l'estrade avaient pris place : Miss Shen Pei Chen et plusieurs directrices d'écoles et étudiantes. Sur l'autre côté, se tenaient : M. Hain, frère de M. Hain Jou-Kia, et d'autres membres de l'enseignement. Au centre se trouvait, sur un autel, le portrait de la défunte devant lequel s'étalaient des offrandes. Maints discours furent prononcés, et il faut bien dire que le beau sexe se montra non moins éloquent que l'élément masculin, à en juger par les applaudissements qui partaient des spectateurs d'ailleurs très nombreux.

Quand la série des discours eut cessé, une de ces dames se mit devant un orgue, et une vingtaine de jeunes filles, élèves d'une école professionnelle, se mirent à chanter un motet composé pour la circonstance à la mémoire de la défunte. Ceci couronna la cérémonie, qui ne prit réellement fin pourtant qu'après que le groupe des organisateurs et organisatrices se fut fait photographier.

En somme, la manifestation de dimanche montre que le féminisme fait de réels progrès en Chine et que la cause de l'enseignement, en particulier, est appelée à marcher à grands pas.

CHAPITRE VII

Excursion aux tombeaux des Mings.

Mardi, 7 octobre.

Au centre d'une plaine aride surgit soudain une chaîne à la crête dentelée, aux flancs ravinés, dont les plans successifs, drapés de la buée lumineuse de l'automne, vont en se dégradant jusqu'à se confondre avec les nuages... Une caravane chemine gaiement sous le soleil éclatant et chaud... Elle traverse des champs déjà labourés par des charrues primitives et des attelages de mules et d'ânes, des torrents desséchés qui ne sont plus qu'un amas de galets; elle grimpe par des chemins rocailleux et ravinés, s'engage dans les ruelles étroites des villages, entrevoyant les garçonnets qui gambadent tout nus, les babies suspendus au sein bronzé de leurs mères, les travailleurs en train de battre et de ranger sur l'aire commune les gerbes de *sayho* qui font la richesse principale, les vergers de kakis dont les fruits d'or étincellent dans leur feuillage sombre qui commence à s'oranger...

En tête, galopent sur leurs petits ânes les jeunes gens piquant des temps de galop à travers champ et solides sur leurs étriers comme de vieux cavaliers... Puis viennent les trois chaises en rotin de Mme A., de Mme C. et la mienne, couvertes de tentes et suspendues à des bambous que quatre hommes portent sur l'épaule, deux en avant, deux en arrière...; ils le changent fréquemment de côté et font la manœuvre tous ensemble en poussant un cri guttural...

Pendant 35 kilomètres, ils nous transportent ainsi sans qu'un seul fléchisse ou fasse un faux pas en passant les gués sur de grosses pierres...; ils causent gaiement en marchant..., leur résistance est merveilleuse...

Le colonel A... et le capitaine D..., à cheval, forment l'arrièregarde de notre escorte... que composent les âniers, le boy Tchang et les porteurs des provision pour le déjeûner, de sorte que nous sommes une trentaine de touristes sur le passage desquels les cultivateurs arrêtent leurs travaux pour nous examiner curieusement. Les gamins nous tendent la main ou nous font des grimaces.

Vers une heure, la faim commence à se faire sentir — car nous sommes partis de Pékin par le train, à 7 h. 1/2 du matin pour Nankéou, où nous sommes montés à cheval ou en chaises à 10 heures 1/2 — nous arrivons justement au portique monumental qui ouvre l'allée triomphale menant aux tombeaux des Mings...

Ces cinq arches de marbre blanc, dont les piliers sont sculptés de bas-reliefs représentant des dragons, s'ouvrent sur le ciel et semblent un phénomène dans la plaine déserte; elles ont grand air, et d'ici partait autrefois une route dallée de plusieurs kilomètres; mais il n'en reste plus trace : les ponts même ont été détruits pour la plupart.

L'endroit semblerait propice pour notre pique-nique, mais, hélas ! la caisse d'eau et de vin est allée droit aux tombeaux par un chemin plus court...; nous envoyons un ânier la chercher. Deux kilomètres plus loin, voici le Tahoug-Men, le grand portique rouge.

Puis encore quelques kilomètres au-delà, un troisième portique flanqué de quatre colonnes à dragons entrelacés, qui protège une stèle haute de 9 mètres reposant sur une tortue comme toujours.

A partir de cet endroit, on aperçoit, au pied d'un cirque de montagnes, émergeant d'une tache de verdure, cinq ou six pavillons à toit rose qui sont autant de sépultures des seize souverains de la dynastie des Mings.

Ils sont ainsi réunis dans ce grandiose parc funéraire, et l'allée triomphale leur sert à tous d'avenue.

On croit rêver en frôlant au passage ces énormes monolithes qui représentent 24 animaux de grandeur naturelle, d'un réalisme inouï ! Les chameaux et les éléphants surtout sont si frappants de vérité, qu'on dirait que ces colosses ont été pétrifiés sur place par un cataclysme... Les douze statues de mandarins sont moins bien traitées et en partie mutilées.

Mais voici l'ânier qui apparaît, et comme il est 2 heures et que la jeunesse crie famine, nous décidons de nous abriter sous l'arche d'un pont ruiné pour déguster notre lunch...

Toute l'escorte s'accroupit en face de nous, à quelques pas pour nous contempler, et aussi probablement pour ramasser quelques miettes du festin rapidement terminé.

Il est 3 heures quand nous arrivons enfin au troisième portique qui précède immédiatement la porte de l'enceinte où sont les tombeaux, mais lorsque nous voulons y pénétrer, le gardien exige d'abord un pourboire et se montre si insolent que le capitaine D., qui nous sert d'interprète, se fâche en disant : « Je ne veux pas que vous soyez volés ! Laissez-moi faire ! » Il esquisse avec sa canne un geste de menace, puis comme le Chinois ne cède pas, il lui donne un premier coup auquel celui-ci répond en se défendant, et soudain, à notre inexprimable horreur, voici la bataille engagée entre le capitaine au sang bouillant, et trois Chinois dont l'un brandit une hache, et l'autre une sorte de crochet... Bientôt de la canne il ne reste plus qu'un tronçon, mais avec les poings et les pieds, le capitaine vient à bout des trois Chinois dont l'un est atteint à la tête... son sang coule bientôt à flots, et il s'abat sur le sol... Comme nous sommes entourés d'indigènes qui prennent des airs menaçants, la situation n'est pas rassurante. Le colonel qui, heureusement, a gardé tout son sang-froid, use de diplomatie : il prend à part notre boy et lui enjoint de pacifier les esprits en donnant quelques dollars au blessé !... mais il faut de longs parlementages avant d'obtenir que le chapeau du capitaine lui soit rendu, et qu'on nous aisse entrer avec les autres touristes. Pourtant, c'eût été grand dommage de ne pas voir le Tchangling qui, par ses dimensions imposantes et les vieux arbres qui l'entourent, est un excellent spécimen des tombeaux d'empereurs ! La stèle est grande et haute; le premier bâtiment, avec sa triple balustrade de marbre blanc et ses brûle-parfums archaïques, en faïence jaune, a grand caractère. La salle funéraire, longue de 60 mètres sur 25, est soutenue par 40 magnifiques colonnes d'un seul tronc d'arbre, mesurant trois mètres de tour et qui, naguère, étaient laquées; enfin, dans le fond, s'élève une tour crénelée, surmontée d'un étage, à laquelle on monte par un chemin incliné, et d'où la vue s'étend sur l'ensemble du monument, sur les autres sépultures impériales, et la plaine immense semblable à un désert... Ce qu'il faudrait pouvoir rendre, c'est le cachet archaïque de ces monuments, les vieux pins tordus qui les encadrent, et jusqu'aux asters roses et aux herbes folles qui poussent entre leurs pavés disjoints, et peut-être feront bientôt disparaître ces restes précieux du XVe siècle...

Voici le soleil qui baisse, et nous avons encore trois heures de route pour rentrer à Naukoo, mais lorsque nous voulons nous mettre en branle, les Chinois, qui se sont concertés pendant notre visite au tombeau, ne veulent plus laisser partir le capitaine sans qu'il ait payé des dommages et intérêts : la mère, puis le fils du blessé sont venus pleurer sur lui, les voix s'élèvent irritées, que va-t-il se passer? Le boy apprend que des Chinois armés de bâtons sont appostés sur notre passage. Il n'y a pas à tergiverser... La bravade du capitaine va nous coûter plus cher que ne l'eût été le pourboire réclamé surtout je regrette cette équipée pour le renom des Français. Le retour est moins gai que l'aller ! Mme C... est si horriblement secouée dans sa chaise que je prends sa place pour lui procurer un peu de repos, mais cela ne me réussit pas non plus. Nous rentrons au clair de lune bien que nos porteurs aillent presque en courant sur les pierres branlantes. Nous sommes encore émus de notre aventure, mais il paraît que d'autres touristes ont eu également des ennuis : le ministre de Belgique, et le commandant L... ont dû aussi se battre pour entrer; une dame a eu ses bijoux arrachés; une jeune anglaise, qui est arrivée après notre départ, a dû montrer son revolver... C'est particulier aux Mings, parce que l'endroit est très isolé, mais sur les plaintes qui ont été faites au Gouvernement chinois, il a depuis changé les gardiens.

Mercredi matin, 8 octobre.

Au centre de la passe des montagnes, à la gare de Ching-Lung-Chiao, j'attends le train qui va me ramener à Nankéou en contemplant les étonnantes murailles qui escaladent à droite et à gauche les pics dénudés, et couronnent les mamelons de leurs dents de scie et de leurs fortins. C'est inouï de penser que ces murailles, si bien conservées, remontent à 2.000 ans, et cette œuvre de défense colossale qui s'étend sur plus de 2.450 kilomètres donne une idée extraordinaire de la puissance de la Chine antique. Il fallut des millions d'hommes pour achever cette œuvre gigantesque, comparable aux pyramides, et combien de milliers y périrent !

La voie qui se fraye un passage entre les montagnes au moyen de travaux d'art et les traverse par plusieurs tunnels, forme avec la Grande Muraille un contraste frappant : c'est l'œuvre du génie moderne à côté de celle du génie antique, la force qui relie les peuples au lieu de celle qui les sépare ! et cette ligne, actuellement construite jusqu'à Kalgan, ira rejoindre Irkoutsk et abrègera de plusieurs jours le voyage de Paris à Pékin.

Nous sommes partis ce matin à l'aube (6 heures du matin) au milieu du brouillard, par un train de marchandises au devant duquel une plate-forme du fourgon permettait de voir le paysage. Depuis que je suis là, voici le troisième train de soldats et de chevaux qui passe pour s'en aller à Kalgan. Que se passe-t-il donc de ce côté?

Du bastion de Pataluing où nous avons grimpé difficilement, on embrasse de toutes parts les murailles crénelées qui serpentent sur les cimes et en font des sortes de camps retranchés. Derrière une rangée de sommets, on en aperçoit de plus élevés encore, toujours bastionnés. C'est fantastique !

Malheureusement brisée par l'expédition d'hier, je ne me sens pas en état de suivre la caravane joyeuse qui va rentrer à Nankéou par la route pittoresque qui dévale au fond de la gorge. Les étonnants porteurs qui nous avaient menés la veille aux Mings ont marché une partie de la nuit pour être à leur poste ce matin, et ils ne montrent aucun signe de fatigue...

Du train qui va me ramener plus confortablement, je puis voir en revenant les gros villages nichés au fond des gorges, les arbres qui poussent le long des torrents à sec, les petites pagodes collées aux rochers qui surplombent la ligne, les inscriptions en trois langues gravées au-dessous sur la paroi de la T'an-Kin-Kia, gorge de la *guitare pincée*, ainsi nommée à cause du murmure des eaux, et enfin le fameux arc de triomphe de la Kouo-Kiai-Ka (Tour qui traverse la rue), sur lequel sont sculptées des figures de la mythologie hindoue, des bouddhas et des rois Devas. Mais ce qui en fait le prix pour les linguistes, ce sont deux inscriptions de l'année 1345 après J.-C. en six langues sanscrit thibétain-mongol-turc-ouigour-tangout et chinois. Ces textes traduits récemment célèbrent les joies du nirvana, les avantages promis par les livres saints aux fidèles qui élèvent des édifices religieux.

Nous avons tout le temps de déjeuner et de choisir des cartes postales avant de reprendre le train de 3 h. 40 pour Pékin, mais il m'a fallu deux jours de repos pour me remettre des fatigues de cette excursion si intéressante que j'aurais aimé prolonger jusqu'au terminus actuel de la ligne, à Kalgan, capitale de la Mongolie intérieure, d'où la vue du défilé montagneux que suivent les caravanes est fort pittoresque, mais en ce moment le pays est troublé et l'auberge fort insuffisante.

CHAPITRE VIII

Nomination du Président.

11 octobre.

La journée d'hier comptera dans les annales de la Chine, car c'est elle qui a vu reconnaître officiellement par les puissances européennes la nouvelle forme de gouvernement qui a succédé au millénaire régime impérial.

Par un singulier aveuglement, c'est la dynastie aujourd'hui déchue qui a préparé l'accès au pouvoir de son successeur, en l'appelant à son aide pour la sauver : l'impératrice régente se fit suppliante devant Yuan Cheu-Kaï et lui fit proclamer elle-même la République par un édit qui reste le monument le plus bizarre de l'esprit d'incohérence chinois, et qui causa en Europe une profonde stupéfaction : l'empereur enfant signait lui-même son abdication en faisant l'aveu de ses fautes.

Les mutineries militaires, dont Pékin avait vu un terrible exemple le 29 février 1912, continuaient cependant à éclater de tous côtés. L'armée, très excitée par les idées nouvelles, exaspérée encore par un considérable arriéré de solde, se livrait au pillage : de grandes villes furent mises à sac et incendiées; les mutins formèrent des partis de brigands qui se répandirent dans les campagnes. Yuan se vit à deux doigts de sa perte; il parvint cependant à rétablir son ascendant sur les troupes restées fidèles, mais ce coup porté à son autorité de chef militaire lui fut plus sensible que les attentats à sa vie et que toutes les menaces de catastrophe pour sa situation politique. Il en reste ébranlé. C'est de ce côté que les alarmes lui viendront très angoissantes.

3

Nous venons d'assister à des événements sensationnels; les journées du 6 et du 10 octobre resteront historiques, car la première a vu l'élection du président de la République, la seconde la proclamation officielle et la reconnaissance par les puissances européennes de la forme de gouvernement qui a succédé au millénaire régime impérial. L'enfant, qui représente aujourd'hui ce régime déchu, confiné dans un coin du palais, n'en a gardé que le titre et les rentes ! La nomination de Yuan-Shi-Kaï n'a été obtenue qu'au troisième tour de scrutin, et il a fallu enfermer les membres du Congrès, comme les cardinaux du Conclave, pour obtenir ce résultat. Détail comique : une explosion de magnésium, due à un photographe indiscret, les a mis tous en fuite et on a eu de la peine à ramener ces braves électeurs à leurs bancs.

Après deux ans de révolution, la Chine commence enfin à entrevoir une ère de paix. Le temps est venu de reconstruire un gouvernement stable sur les immenses débris du millénaire régime impérial. L'ouragan s'est déchaîné presque subitement; il n'a guère atteint dans ses tourbillons dévastateurs que les grands centres de population; mais tout le pays s'est cru durant de longs mois, à la veille de pires catastrophes. Le calme s'est fait. L'heure que nous vivons n'est-elle qu'une éclaircie au milieu de la tempête, ou bien est-elle l'aube d'une période de calme nécessaire à l'établissement d'un ordre de choses nouveau? L'avenir le dira.

Oui, la tempête a été terrible; mais ce qui redoublait les appréhensions, c'était l'incertitude où l'on était sur la valeur de ceux qui avaient pris le timon des affaires. Yuan Cheu-Kaï était connu comme un homme d'énergie, un esprit doué du sens des réalités, prompt à l'exécution inébranlable dans ses desseins. Mais sa politique, tout avisée et tout expérimentée qu'elle fût, viendrait-elle à bout des complications inouïes amenées par le nouvel état de choses? Il y avait à craindre le parti de la dynastie déchue qui, selon toute prévision, n'allait pas, de plein gré, se résigner à la mort sans phrase. L'abdication fut exécutée avec une maestria digne du politique le plus consommé. Le vice-président Ly-Huan-Houg, le promoteur de la révolution, aurait eu autant de chance que Yuan Shi-Kaï s'il avait voulu se laisser porter, et il a eu autant de voix que lui.

Il paraît que le président du Sénat s'est esquivé; Yuan, en somme, est plus craint qu'aimé : il a une manière expéditive de se débarrasser de ses ennemis en les exécutant sans jugement, comme il l'a fait récemment pour le chef de la police, magistrat cependant très estimé, qui a reçu, ainsi que son frère, une invitation à dîner du préfet : au dessert on leur a montré leur ordre d'exécution sous prétexte d'avoir pactisé avec les rebelles et ils ont été fusillés aussitôt.

Aussi Yuan avait-il pris de strictes précautions pour la cérémonie d'hier — à laquelle il s'est fait amener en chaise fermée, de l'intérieur du palais. — Seuls, les membres des légations et les journalistes européens ont été admis à la prestation du serment qui s'est passée avec une grande correction. Le président portait un uniforme de général bleu pâle et il avait grand air; il a prononcé en chinois un discours à l'adresse du peuple, puis s'est retiré en même temps que les invités civils, et a fait une nouvelle entrée tandis que les ambassadeurs se rangeaient devant l'estrade : le doyen Don Luis Pastor lui a adressé un discours auquel le Président a répondu en remerciant, et pour la première fois il a paru ému, car c'est pour lui le triomphe suprême — il a le pied sur les marches du trône — il a tenu alors comme un cercle de cour en adressant la parole à chacun des assistants. Ensuite a eu lieu la revue à laquelle assistèrent les diplomates du haut de la porte Tien-An-Men. Il paraît que, vu de là-haut, Pékin à l'air d'un grand parc.

Il a plu toute la journée, ce qui a été considéré par le peuple comme un fâcheux présage.

En somme, il y a quelque chose de changé en Chine, mais il est encore impossible d'en prévoir le résultat.

Les uns, vieux résidents comme M. P..., qui est ici depuis quarante ans, croient à la rénovation de ce peuple, si longtemps figé qui est, disent-ils, très malléable, et trouvent que déjà bien des choses se sont transformées. D'autres, comme M. A..., ministre du Japon, soutiennent que les Chinois sont de grands enfants et qu'il leur manque deux choses essentielles pour faire un grand peuple : le patriotisme et l'esprit militaire sans lequel la Chine sera dévorée par ses voisins. Qui aura raison? Dieu seul le sait.

Le soir, il y eut au Wai Weou une fête à laquelle nous étions invités, mais je n'ai pu m'y rendre; il paraît que Mme Sun Pao Chi recevait avec son mari, ce qui est encore une innovation considérable, mais elle portait le costume chinois.

Les *Missions catholiques* publient la très intéressante relation de la notification de l'élection de Benoît XV au président de la République chinoise.

Le pape avait chargé Mgr Jardin, lazariste, vicaire apostolique de Pékin, de remettre une lettre autographe au président. Ce dernier a décidé de recevoir le document avec le cérémonial usité pour la remise des lettres de créance des ambassadeurs (1).

Un peloton de troupes avec musique militaire rendit les honneurs devant la grande porte du palais; puis, sur une barque gracieusement ornée, Mgr Jardin et sa suite furent conduits à travers le lac du Sud jusqu'à la demeure présidentielle. Là, pendant que les gardes présentaient les armes, le président, S. Ex. Yuan Cheu-Kaï, en costume officiel, entouré de sa maison militaire, reçut debout Mgr Jardin; il se déclara très sensible à l'honneur que lui faisait le Souverain Pontife et annonça qu'il lui répondrait.

---

(1) Il est intéressant de noter que, lorsqu'en 1885, le P. Giunanelli apporta une autographe de Léon XIII pour l'empereur de Chine; il ne put obtenir d'audience, et dut la remettre au ministre des Affaires étrangères.

CHAPITRE IX

La Corée.

19 octobre.

Ce matin, par un temps superbe, nous avons pris le train pour Shang-Haï.

Hier soir, à Moukden, en dînant chez le consul, j'ai remarqué des caractères chinois brodés en velours noir sur un magnifique parasol de satin rouge offert en hommage par la colonie de Hientsin.

Il nous a donné un excellent dîner, et nous a montré de curieuses photographies du Yunnan qui est plus pittoresque que le Japon, prétend-il, avec une flore tropicale merveilleuse. La petite pagode collée à pic au-dessus de la vallée du Yunnan est quelque chose de saisissant. Si j'étais plus jeune, je rêverais de suivre cette ligne du Yunnan si accidentée que je train ne marche pas la nuit, nous disait Mme W..., qui a passé quelques jours à Pékin avec nous, et qui se plaît aussi beaucoup à Yunnan-Fou dont le climat est délicieux. L'hôtel Yamato, où nous avons passé la nuit à Môukden, est tout neuf et très propre.

Après les deux journées de plaines ennuyeuses à traverser depuis Pékin, la Corée que nous parcourons ce matin, nous paraît intéressante, malgré l'aspect sévère de ses montagnes escarpées couvertes d'une brousse fauve. Presque au sortir de Moukden, la voie entre dans les défilés de la chaîne de Lang-Tsen-Chan où quantité de petits villages aux maisonnettes de bois et de terre sont nichées dans les replis des montagnes. Des torrents larges et peu profonds roulent leurs eaux limpides au pied des flancs à pic; des charrettes, chargées de bois avec des attelages de 6 à 8 chevaux, les traversent à gué. On voit, aux stations, quelques femmes japonaises avec

leurs babies dans le dos, une école de fillettes et de garçons qui est venue rendre ses devoirs à un personnage
du train.

Nous avons emporté de l'hôtel un tiffin, dans des
petites boîtes d'une exquise propreté qui, comparé à celui
d'hier enveloppé de journaux sales, nous fait apprécier
la différence entre les habitudes chinoises et japonaises.

Il y a le long de la voie quelques fabriques de briques
avec exploitation de charbon.

3 heures.

A partir de *Tsiou Mou Chouang*, nous entrons dans
des gorges de plus en plus sauvages et resserrées où il
n'y a plus trace de culture; les montagnes sont plus
boisées; cela tient le milieu entre la Chine et le Japon. Je
demande à nos compagnons de voyage, MM. Chausson
et Cie, comment il se fait qu'ils viennent jusqu'ici chercher des bois de charpente alors que la Sibérie en regorge;
il paraît que le long du Yalu il reste encore pas mal de
chênes, et que la société du *Yalu Timber*, composée de
Japonais, est très active en affaires, tandis que les Russes
paresseux ne tirent pas parti de leurs richesses forestières.

A la nuit, nous nous arrêtons à *Antung* pour changer
de train; la voie traverse l'énorme lit du Yalou sur un
pont célèbre, qui fut le premier bâti par les Japonais. Il
s'ouvre au milieu pour laisser passer les bateaux d'un
assez fort tonnage, et dans la nuit, cette traversée qui
dure sept à huit minutes, est impressionnante. Nous
trouvons un excellent dîner dans le train qui nous
emmène à Séoul, et bien qu'il ne contienne pas de couchettes, nous finissons par nous endormir sur les ban-
quettes peu rembourrées et les fauteuils qui se rallon-
gent. Le boy, très zélé, enlève les ampoules pour faire
l'obscurité, mais l'orage gronde pendant toute la nuit.

20 octobre.

Nous nous réveillons à *Séoul* par une pluie battante.
Heureusement l'excellent consul est là pour nous piloter,

et cinq *rick shaws* sur hautes roues nous emmènent bientôt à l'hôtel Sountag où il nous a retenu deux chambres dont le prix est élevé (16 yens par jour), mais qui nous offrent le confortable d'un bain aussitôt prêt. Il y a dans le jardin un bazar où nous allons bibeloter en attendant le déjeuner auquel prend part le ministre qui me rappelle notre première rencontre à Tokyo, il y a dix ans, lorsqu'il m'a emmenée au Yoshiwara.

A une heure 1/2, nous partons malgré la pluie pour aller visiter le *Palais du Nord* et passons sous une des grandes portes de l'enceinte qui entoure la ville comme à Pékin, mais dont les maisons, les boutiques et surtout la population ont un aspect tout différent. Les Coréens, avec leur barbe, leur petit chignon, et leur étrange chapeau formé d'une sorte de petit tuyau de poêle posé sur une cage à mouches, leur redingote de ramie blanche ou bleu clair sur des pantalons mauves, ont l'air de figurants d'opéra comique; ils sont d'autant plus cocasses que pour ne pas abîmer leurs couvre-chefs, ils ont posé dessus une sorte d'abat-jour en papier huilé qui leur donne une inimitable drôlerie; d'autres portent une énorme plate-forme en sparterie, c'est leur chapeau de deuil. Les femmes ont un corsage court qui laisse passer les seins, une jupe bouffante blanche sur leurs pantalons et leurs babouches recourbées. Elles ont le pied très étroit et très petit, mais leur type se rapproche des Mongoles. Pour compléter leur singulier costume, elles se couvrent la tête (en guise de voile) d'un manteau de couleur claire dont elles n'enfilent jamais les manches que dans leur cercueil. Elles portent leurs babies dans le dos comme les Japonaises.

Le consul dit que certains auteurs expliquent le costume blanc et les habitudes des Coréens en leur attribuant une origine arabe.

CHAPITRE X

Le Palais du Nord.

Le Palais du Nord, où l'on pénètre en prenant des tickets, est inhabité et destiné à devenir le siège du gouvernement japonais; il s'encadre dans un décor de montagnes boisées jusqu'au pied desquelles s'étend le parc. La première cour, gardée par des lions de pierre, s'ouvre par un portail majestueux percé d'une triple baie, avec un toit à double étage recourbé dans le goût chinois; mais dès la seconde cour s'accusent les différences : les balustrades de marbre ont des piliers plus massifs, les pavillons sont posés sur des soubassements en granit qui leur forment un piédestal élégant. Les grillages tendus de papier qui forment les parois sont peints d'un ton vert-de-gris qui tranche avec les piliers rouges de la charpente; enfin, la pente des toits, au lieu d'être une ligne curviforme ininterrompue, est brisée, évidée par une sorte de ressaut et garnie de petits singes qui sont censés préserver du feu. Les peintures fanées par les siècles (le palais remonte à 1600) sont plus fondues et moins criardes, mais la disposition des bâtiments est pareille.

La troisième cour contient la superbe salle du trône dont l'aspect est imposant : sur le double perron entouré de balustrades se massaient tous les fonctionnaires dans l'ordre hiérarchique. Le plafond soutenu par des colonnes de bois de cèdre est curieusement travaillé et les modillons en pendent comme des stalactites; le trône est encore debout avec son superbe paravent de laque rouge. Ce qui ne ressemble à rien de chinois, c'est surtout la salle des fêtes qui se trouve à l'écart dans une enceinte spéciale, bâtie au milieu d'un étang couvert de lotus qui doit lui faire un merveilleux cadre de velours rose, et sur les bords duquel se penchent les vieux pins centenaires. Elle se compose d'une terrasse carrée entourée d'une balustrade sur laquelle une salle hypostyle reproduit les entrecolonnements des temples égyptiens avec leurs piliers de granit carrés. De quelque côté qu'on regarde, la perspective entre les colonnes s'ouvre sur les bois ou la montagne. Au-dessus, une salle également à jour avec ses balcons de bois devait offrir sous les hautes toitures recourbées un délicieux séjour.

Par des allées à demi-abandonnées où quelques érables et sumacs mettent leur note orangée, nous parvenons enfin à l'étang de lotus tout ombragé de verdure au milieu duquel un petit îlôt portait le kiosque favori de la pauvre reine « du matin calme », l'impératrice *Snin*, qui fut assassinée par les Japonais dans ce lieu solitaire, parce qu'elle luttait pour conserver l'indépendance de son pays. De son cadavre brûlé, il ne reste qu'un doigt auquel on fit de splendides funérailles et dont nous allons voir le tombeau.

Le roi justement inquiet se réfugia à la Légation.

Son fils habite le palais de l'Est où nous ne pouvons entrer à cause d'une garden-party qui a lieu aujourd'hui dans un parc délicieux.

Notre aimable guide nous conduit d'abord à *Pagodapark*, un vrai bijou de pagode à 13 étages, toute sculptée d'images du Bouddha dont un empereur de Chine fit présent à la Corée il y a neuf siècles, en même temps que de sa fille. Le faîte de la colonne a été décapité, puis posé au pied par les Japonais, il y a trois siècles. Non loin de là, dans une cabane treillagée, est la grosse cloche qui sonnait autrefois l'ouverture et la fermeture de la ville.

Nous quittons alors nos rick-shaws pour monter dans un des confortables tramways en velours rouge qui suivent l'avenue principale partageant Séoul en deux moitiés, et dont l'orage a fait un lac de boue. La largeur de ce boulevard bordé des lignes du télégraphe n'est pas en rapport avec les bicoques de plus en plus misérables qui le bordent. Au seuil de ces cabanes, des Coréens accroupis fumant leurs longues pipes, des enfants en vestes rose vif en portant d'autres plus petits; tous circulent avec leurs galoches en bois sur doubles patins. A l'issue de la ville, on rencontre les établissements importants des missions protestantes, tandis que de loin, la cathédrale catholique se devine sur un mamelon dominant la ville.

Nous suivons une assez belle route au milieu du bois où repose l'impératrice. Le site est charmant, et le gardien nous amuse par ses profondes révérences. Le tombeau est construit à l'instar des tombeaux chinois. Nous allons ensuite goûter dans un tea room, chez un épicier japonais, et acheter des cartes postales.

La nuit est close, et en rentrant à l'hôtel nous apprenons que le bateau de Fusan a pu partir tandis que les jours précédents le mauvais temps l'en avait empêché. Enfin, à 7 heures, un peu séchés, nous repartons pour le Consulat. Dans la nuit, à peine trouée par les lanternes de nos rickshaws, les portes de la ville, les hautes murailles, les rues en pentes ravinées où se lancent nos coureurs, les fantômes blancs que nous frôlons prennent des aspects fantastiques, et l'on ressent un certain soulagement en entrant au Consulat dans le salon bien chauffé où nous attend un aimable accueil. Il est situé au milieu d'un beau jardin, mais dans un endroit isolé, tandis que l'ancienne légation de France était à côté de l'hôtel Sountag, et les terrains ont été vendus 180.000 yens dont le prix a été consacré à rebâtir l'ambassade de Tokyo. Il y a au Consulat de beaux meubles coréens en bois et cuivre.

A l'hôtel, il s'est donné un dîner de noces japonaises; la mariée était superbe avec des épingles d'écaille dans ses cheveux bien lustrés en coques épaisses. Il y avait de nombreux cadeaux pour les invités consistant en poisson séché et autres friandises.

21 octobre.

Depuis Séoul, nous traversons des chaînes de montagnes dénudées, entre lesquelles les vallées sont couvertes de rizières et de petits hameaux dont les toits de chaume coniques rappellent l'Océanie; des torrents s'étalent au creux des gorges et la ligne serpente et se contourne brusquement à travers tous ces obstacles. Le ciel est sombre, orageux, de sorte que nous avons une agréable surprise en nous embarquant sur le *Shiraga Maru* à Fusan, futur port militaire devant remplacer Port-Arthur, et en constatant que la mer est calme comme un lac; le bateau n'a que 3.000 tonnes, mais il est d'une exquise propreté et très stable. Nous y retrouvons nos deux jeunes Français.

Nous y passons une nuit très calme.

Nous débarquons à Shimonoseki à 8 heures et prenons le thé à l'hôtel Sanyo, puis nous allons faire un tour sur le port où l'on voit des fruits en quantité : bananes, pommes, raisin, pamplemousses...

Les trains express japonais ne comportent pas de filets pour les colis de main, et nous sommes forcés de mettre nos valises aux bagages. Nous avons télégraphié pour retenir nos chambres à l'hôtel de Myajima.

Nous longeons d'abord la mer intérieure, puis nous traversons des villes encaissées entre des montagnes toutes boisées.

Je retrouve le Japon de mes souvenirs, verdoyant et fleuri. Toutes les petites maisons de bois sont entourées de vergers, de légumes, de palmiers et de fleurs : chrysanthèmes, dahlias, etc.

A deux heures nous quittons le train express pour monter dans le steam-launch de l'hôtel qui est venu nous chercher.

CHAPITRE XI

Myajima.

Les hautes montagnes de Myajima se dressent à un demi-mille de la côte, mais la mer clapote ferme et la pétrolette soulevée nous balance de telle sorte que je ne suis pas fâchée d'aborder au pont de l'hôtel. Devant nous, les grands pins se penchent sur l'eau. Le chalet est niché à quelques mètres de la plage au-dessus d'un ruisseau qui saute sur les rochers. Plusieurs pavillons sont disséminés dans le parc, les portes et les fenêtres sont en bois blanc et verre dépoli qui imite le papier et glissent comme dans les maisons japonaises; on prend le thé sur la galerie à jour.

Nous avons hâte d'aller admirer le temple dont le haut *torri* rouge aux doubles piliers s'élance de la mer et domine toute la nappe d'eau et le port. On suit des allées de lanternes ombragées de pins centenaires, et l'on rencontre des animaux apprivoisés : biches, hérons, pigeons, tous sacrés et, comme tels, protégés par les rites. Ils ont leurs doubles en bronze sur des piédestaux; à dix pas l'un de l'autre, on voit le cheval de bronze et le cheval vivant dans sa petite stalle : ce qui semble bizarre aux profanes.

La sainteté de ce sanctuaire consacré depuis 2.500 ans par la piété des fidèles du culte shinto, est un peu profanée par les centaines de boutiques remplies d'objets en bois d'ailleurs charmants qui l'entourent, mais il faut se rappeler Lourdes pour être indulgent !

Le temple offre une disposition toute spéciale : il est bâti sur pilotis, et à marée haute semble flotter sur les eaux. Deux galeries à jour, dont les piliers rouges paraissent un peu trop fraîchement repeints, se déploient

en ailes et conduisent les pèlerins au temple central, à
un seul étage, dont la nef est également soutenue par
une colonnade rouge, mais le chœur est fermé par un
grand voile violet qui cache la déesse. On ne voit que
les objets du culte : tambours, etc...

Deux petites danseuses en robe rouge et blanche
sortent de l'intérieur et nous sourient, mais elles ne se
mettent pas en branle. Nous nous arrêtons à tous les
petits bazars et à la porte des maisonnettes qui ont
toutes un jardin intérieur d'arbres nains et de rocailles
dans l'arrière-cour.

Après avoir admiré le petit port où les jonques sont à
l'ancre, nous goûtons des petits gâteaux aux marrons
et nous remontons par une allée conduisant à un mamelon d'où l'on domine tout l'ensemble : en face, les montagnes dont les crètes blanches brillent au soleil comme
de la neige entre les bois, encadrent le golfe qui rappelle
par ses couleurs les lacs d'Italie; à nos pieds, les chalets
de bois; derrière, se dressent les hautes crêtes boisées de
l'île; les corbeaux, qui volent autour de nous, ont presque
des voix humaines, c'est presque trop joli, trop soigné,
trop fait pour attirer le voyageur; et cependant c'est
un site naturel dont on a seulement tiré parti.

Pendant le dîner, je vois un monsieur me saluer. Tout
d'abord, je ne le reconnais pas, puis, soudain, un trait
de lumière se fait dans mon esprit : n'est-ce pas le ménage
Chauvelot en voyage de noces? En effet, nous échan-
geons nos *impressions*, car ils arrivent de *Niklo* et vont
à Séoul et Pékin.

Ce matin, nous visitons la vallée des érables qui,
malheureusement, ne sont pas encore colorés, mais le
site est charmant : un sentier remonte le long d'un ruisseau qui saute sur les rochers entre les bananiers, les
bambous, les fougères. De coquettes maisonnettes,
dont on voit les ménagères en train de balayer leurs
nattes blanches, sont nichées dans chaque creux du
ravin; c'est délicieux de fraîcheur et de variété; puis, on
arrive à l'ombre des grands pins, et des sentiers enga-

geants amorcent l'ascension des sommets boisés, où l'on doit pouvoir se promener pendant des journées entières sans revenir sur ses pas et en découvrant de nouveaux points de vue comme sur la côte d'azur. Myajima est un séjour d'été charmant pour les résidents de Tokyo ou de Pékin.

CHAPITRE XII

Le Japon.

5 novembre.

Nous venons de nous séparer à Mogi; mes compagnes reprennent la route de Corée pour rentrer à Pékin, et je vais à Nagasaki m'embarquer pour Shanghaï afin de faire mon voyage projeté en Chine. Il m'a semblé très dur de rester seule, si bien qu'au dernier moment j'hésitais encore...

Ces trois semaines ont été charmantes; j'ai joui délicieusement du plaisir de mes compagnes à la découverte du Japon qu'elles ont trouvé encore plus beau qu'elles ne pensaient, Nikko surtout a été pour elles une révélation.

Au point de vue voyage, avouerai-je que cela me laisse cependant une déception? D'abord, notre excursion a été trop rapide et ne m'a pas permis de voir du nouveau. Le Japon était resté dans mon souvenir avec le prestige d'un pays de rêve; cela tient-il à moi ou à lui si je l'ai retrouvé moins beau? Nous avons eu pourtant la chance d'avoir le soleil comme compagnon constant, d'arriver à temps pour voir les érables de Nilko dans toute leur splendeur, étoilant le ciel bleu de leurs flammes, revêtant les montagnes d'un splendide tapis diapré. Mais cette route de Chiusenji que j'avais connue si sauvage est maintenant gâtée par un tramway qui va jusqu'au pied des lacets; cela déprécie le ravin.

Tokyo n'est plus maintenant qu'une capitale avec toutes ses laideurs européennes; on y écorche sans pitié les voyageurs, les *rickshaws* eux-mêmes s'en mêlent : la foire et les chrysanthèmes dolls n'ont plus d'originalité.

À *Kyoto*, de grands boulevards ont été percés à travers la vieille ville et des tramways la traversent en tous sens. Il n'y a que les palais et les temples qui, heureusement, sont restés tels que jadis. Nous avons vu la ville pavoisée pour la fête de l'empereur, et les longues processions des écoliers et des écolières venant rendre leurs hommages, chacun portant à la main son petit drapeau.

Malheureusement, une indisposition, qui déjà nous avait privées du lac d'Hakone, nous a empêchées de voir la plupart des temples, et l'excursion au lac *Briva* a été ratée à cause du temps. Les choses nouvelles pour moi se bornent donc à *Myajima*, *Myanashita*, la jolie ville d'eau au cœur des montagnes où je n'ai passé qu'une soirée, et au monastère d'*Horyuji*, où j'ai ressenti une assez forte impression en visitant ce curieux spécimen le plus ancien des temples bouddhiques en bois du Japon (VIIe siècle) dans un état de conservation extraordinaire, le calme de cette retraite dont l'enceinte s'étend au milieu des campagnes solitaires, la beauté des pins qui encadrent le temple et la pagode où se montrent les si curieuses fresques du Coréen Doncho, les statuettes pleines de vie et de mouvement des grottes du Bouddha m'ont vivement intéressée, de même que la fameuse Kwanon en bois noir du couvent des hommes. Son type, sa taille svelte, l'aisance de son geste qui soutient sa tête fine tandis qu'une de ses jambes est croisée sur le genou de l'autre, tout fait penser à notre renaissance, et le sanctuaire aux rideaux de vieux brocart où elle est vénérée en rehausse encore le charme.

À *Nara*, j'ai pu aussi voir quelques coins qui m'avaient échappé à ma première visite : la vue de la terrasse du temple de *Nigwtundo*, la statue en bois du vieux prêtre Roben dans sa petite chapelle, et d'autres statues de prêtres encore au Hondo du Kokufigi. Mais le parc m'a paru bien moins beau qu'autrefois, dépouillé d'une partie de ses cèdres séculaires, par une tempête, et profané par l'établissement d'un *club* au milieu de tous ces restes sacrés ! Vraiment, le Japon sera bientôt aussi truqué que la Suisse !

Je n'en regrette que davantage de n'avoir pu utiliser les deux jours qui vont me rester à visiter le *Koisan* (la montagne sainte de Kyoto) et à voir célébrer les *danses de Nô*, si curieuses, paraît-il, tandis que la représentation du théâtre impérial à laquelle l'ambassadeur nous a fait inviter, m'a paru assez banale, sauf la danse des adieux.

7 novembre.

Je suis contente d'avoir enfin réussi à voir une danse de geishas, ce qui excitait ma curiosité depuis longtemps. Cela n'a pas été tout seul ! Au « Japon Tourist Bureau » où j'ai trouvé un monsieur assez obligeant et convaincu de l'importance de ses fonctions, on a commencé par me faire des prix insensés ! 25 yens pour cinq danseuses pendant deux heures ! Il est vrai que cela devait avoir lieu au restaurant le plus chic de Nagasaki, mais un guide de l'hôtel Bellevue a trouvé moyen d'organiser la séance à meilleur compte. Vers 3 heures, nous sommes entrés dans une maison japonaise à plusieurs étages où se trouvaient de grandes salles vitrées garnies de nattes et d'un vase de fleurs. J'ai pris place sur une chaise et une servante m'a apporté du thé et des gâteaux, puis deux petites jeunes filles de 13 et de 14 ans gentiment coiffées avec des guirlandes autour de leurs belles coques noires, et habillées de robes fleuries avec des nœuds d'obi comme de grands papillons posés sur une épaule, sont arrivées en courant, se sont prosternées devant moi, et aussitôt, en riant, se sont mises à jouer avec ma fourrure, avec mes bijoux, familières comme des perruches, mais si ingénument qu'il était impossible de faire autrement que d'en rire. Deux autres plus âgées, en costume sombre, accordaient leurs shamisen. et se mirent à préluder en caressant les cordes avec une espèce de corne en ivoire. Le guide m'explique

que les geishas n'étaient pas des danseuses, mais des chanteuses ou musiciennes : elles passent des degrés successifs en commençant par être des maïki (petites danseuses) et plus tard elles tiennent école et se marient. Il trouvait que c'était une heureuse destinée, car le côté moral lui échappait complètement, et il ajoutait que l'argent gagné par les fillettes était versé aux parents par la maison de thé qui les produit.

Mais vraiment ces petites filles paraissent si simplement gaies et heureuses de cabrioler que toute idée mauvaise était exclue et qu'on pouvait jouir sans remords de leur grâce enfantine.

Elles ont commencé par une espèce de salut et de souhait chanté, scandé par les coups redoublés de leur main sur leurs tambourins de forme étrange. Cela faisait un concert assez discordant pour des oreilles européennes. Mais ensuite, avec des guirlandes de fleurs, elles ont mimé la danse des cerisiers, charmante et rendue amusante par leur diable au corps. La danse de *Roben* avec des masques, figurant la brouille de deux fiancés qui se raccommodent, a été exécutée avec beaucoup d'esprit. Elles ont des gestes, des poses pleines de réalité et de style à la fois; tantôt leur talon frappe le sol en cadence, tantôt c'est l'orteil séparé du pied qui accentue, en s'avançant, leur attitude, mais toujours dans leurs évolutions elles sont gracieuses, délurées, imprévues ! Leurs membres fluets, leurs robes aux manches flottantes sont cent fois plus jolies à voir que les entrechats de nos ballerines et cent fois plus convenables. Elles ont terminé par une sorte de ballet au pas redoublé (la danse express), après quoi elles ont pouffé de rire comme des petites folles, puis ont rangé leurs instruments et sont venues s'accroupir à mes pieds pour prendre du thé et des gâteaux qu'elles avaient mérités.

Instruite par une vieille expérience, j'ai attendu deux jours à Nagasaki le départ de l'Express of India pour m'assurer autant que possible une bonne traversée. J'en ai profité pour revoir les temples qui m'avaient laissé un si charmant souvenir, et faire l'excursion de Mogi en rickshaw.

Je suis allée causer avec le bon Père des Missions étrangères qui dessert la cathédrale, avec qui je suis restée en correspondance depuis mon premier voyage. Il m'a raconté que lorsque les missionnaires sont revenus au Japon après plusieurs siècles d'exil, ils ont retrouvé la foi intacte chez la petite communauté catholique de Nagasaki. De génération en génération, ils avaient conservé le texte des prières et l'usage du chapelet. Lorsqu'ils virent que des prêtres leur étaient revenus, enseignant le même *credo*, ils furent transportés de joie, et ces braves gens sont en train de faire construire une église, malgré leur pauvreté. Malheureusement, ce qui va manquer bientôt, à cause de notre odieuse loi contre les congrégations, ce sont les missionnaires français qui ne se recrutent plus, parce qu'ils n'ont pas le droit d'avoir une maison-mère en France. Dernièrement, l'empereur leur avait proposé de fonder l'université de Tokyo faute de personnel, ils ont dû laisser aux missionnaires allemands cette œuvre si intéressante qui augmentera l'influence garmanique en répandant sa « Kultur ».

CHAPITRE XIII

Shang-Haï.

Nous sommes partis le 8 novembre, à 2 heures, par un assez beau temps, mais cela s'est gâté le lendemain, et je me félicitais d'être sur un bateau stable et confortable de la Canadian C^le qui ne met que cinquante heures environ à traverser la perfide mer de Chine.

Quand on débarque du paquebot à Woosung et que, sur le steam-launch qui vous amène en ville on voit défiler ces magasins (godowns), ces maisons de campagne, ces fabriques de toute sorte qui jalonnent le cours du Wang-pou, puis qu'on arrive au *Bund* où se pressent les bâtiments européens, des banques, des hôtels, des grands magasins, on a plutôt l'impression d'arriver dans une florissante colonie que dans une ville chinoise.

Dans le port, où les vaisseaux de guerre peuvent jeter l'ancre, règnent une vie, une animation sans pareille. Ce sont les paquebots à double turbine du fleuve et de la côte qui stationnent sur les quais; les steam-launchs de toute sorte qui filent comme des flèches; les sampans, les jonques à voiles chargées à couler bas de sacs de riz ou de tonneaux; et en débarquant, on se trouve au milieu d'une circulation intense de tramways, voitures, rickshaws. La concession française, qui part du quai de France et s'étend sur 150 hectares, contient à elle seule plus de 200.000 Chinois qui se considèrent et sont, en effet, sous la juridiction du Consulat, où je trouve à mon arrivée un accueil si cordial que j'en suis vivement touchée. Toutes les affaires relèvent de la Cour mixte, présidée par un juge chinois assisté de deux assesseurs français. Il s'y traite plus de 15.000 affaires par an. Le représentant de la France est donc juge, administrateur, président de droit du Conseil municipal de la concession et chef de la police de cette agglomération qui est une grande ville à elle toute seule, tandis que dans la concession internationale qui touche la nôtre, ils sont dix-huit consuls, représentant autant de pays différents. Cela donne à notre pays une grande influence, mais lui impose aussi des devoirs de protection envers ses administrés pour sauvegarder leur existence et la prospérité de leurs affaires. Or, depuis le dernier coup d'État de Yuan-Shi-Kaï, des policiers chinois sont venus arrêter sur la concession, en les accusant de vol, des Chinois suspects d'être des Kuomingtang, aussitôt emprisonnés. Ils avaient toutes chances d'avoir la tête coupée le lendemain matin, selon le mode expéditif adopté récemment, si le consul ne s'était précipité chez l'amiral Tchen, « *le pacificateur* », pour réclamer haut et ferme ses protégés qui lui ont été rendus et dont il compte bien faire traîner l'affaire, ce qui leur sauvera probablement la vie. Mais sur ces entrefaites, il n'a pas été peu surpris de recevoir un télégramme lui enjoignant de livrer sans contestation tous les Chinois que réclamerait le Gouvernement. Il n'a pu me cacher son émotion : «Si j'agis ainsi, tous les gros négociants qui sont venus chercher chez nous sécurité et liberté quitteraient la concession, et comme ce sont ceux qui nous payent les impôts qui nous permettent de faire tous nos travaux, nous serons bien attrapés .» Déjà l'exode recommence en ce moment dans la cité chinoise qui nous touche; sur notre sttelement, on parle de nouveaux troubles; il y a plus de 2.000 agents de police secrète à Shang-Haï, tous les journalistes qui ont mal parlé du président sont suspendus, des riches Chinois soupçonnés de complicité avec les Kuomingtan sont obligés de se racheter. Yuan-Shi-Kaï a résolu de se débarrasser de ses ennemis par la mort ou le chantage; cet état de choses amène une stagnation des affaires inouïe à Shang-Haï; il y a en banque des millions de dollars qui n'osent pas en sortir. Le consul déplore que la France semble s'associer à ces procédés, et comme il est depuis trente ans en Chine, je suis aussi tentée de croire qu'il a raison.

Malgré sa nationalité israélite, j'ai, du reste, recueilli sur lui de grands éloges de la part des Jésuites et des Mères auxiliatrices; la Mère Saint-François, femme supérieure qui est la tête de cette importante maison, m'a dit que sans son énergie les pires malheurs étaient à craindre cet été, car s'il n'avait pas appelé l'amiral et les marins français pour défendre la concession, les Sudistes, en cas de succès, auraient pillé, violé, massacré comme on l'a fait à Nankin, et le couvent où s'étaient réfugiés tant de catholiques chinois leur était un objet de tentation ainsi que toutes les jeunes filles recueillies et élevées par ces dames qui ont un pensionnat et un orphelinat florissants. Elles ont fondé à Zikasvée un ouvroir où les jeunes Chinoises arrivent à faire de merveilleuses dentelles Irlande, Bruges, point de Venise, rien qu'avec des modèles et des explications; c'est un résultat extraordinaire, et cela se vend très bien et aide ces jeunes femmes à vivre. Mais elles ne se bornent pas là et maintenant, secondées par le P. Bernard, le Supérieur si actif et si intelligent des Lazaristes, elles vont fonder un home pour les jeunes filles isolées, employées sans place, orphelines, qui risqueraient de sombrer faute d'un secours momentané. C'est ce que j'ai appris en allant remplir la mission dont m'avait chargée Mme de M...

A Zikamée, on m'a fait voir aussi les curieuses cartes du P. Focb qui annoncent les typhons aux marins et leur permettent de se mettre ainsi à l'abri de ces terribles cyclones.

Elles sont publiées par tous les journaux et au moyen de la télégraphie sans fil; c'est un service énorme rendu par les Pères qui instruisent aussi beaucoup de jeunes gens.

La femme du consul qui voulait absolument m'offrir l'hospitalité complète et m'a réunie plusieurs fois à des membres distingués de la colonie française, ne m'a pas laissé sortir une fois sans m'envoyer sa voiture, m'a promenée d'abord dans les avenues de Bubbling-Well où se trouvent toutes les belles villas, le jardin Ardon, puis dans la ville chinoise où nous avons été suivies par les plus hideux mendiants que j'aie encore vus en Chine : une vraie cour des miracles où devaient se trouver des lépreux, la fameuse *Tea house* du *Willon pattern*, au milieu d'une flaque d'eau verte, avec ses ponts en zigzag est assez curieuse, mais tout cela était tellement nauséabond et répugnant de saleté que j'avais hâte d'en être sortie.

Rien de bien curieux dans les temples, sauf celui où sont représentés tous les supplices de l'enfer au moyen de petites figurines empalées.

Enfin, j'ai vu aussi les beaux magasins chinois et européens de Nankin-Road, les restaurants de Foochov-Road brillamment éclairés. Il n'y a qu'au théâtre chinois modernisé, le seul où jouent des actrices, que je n'ai pas pu aller, mais j'ai assisté à une représentation d'amateurs qui réunissait le tout Shang-Haï dans une salle assez coquette. On jouait le *Cœur dispose*, de Croisset, et vraiment, sauf quelques accents un peu étrangers, ce n'était pas mauvais. La salle qui réunissait les types si divers de la colonie européenne n'était pas le moins curieux; de même qu'aux courses, il y avait des toilettes invraisemblables copiées sur des journaux de modes extravagants.

Sur neuf jours passés à Shang-Haï au Palace Hôtel, espèce de grand caravansérail où la nourriture est mauvaise et la vie fort chère, j'en ai passé trois à visiter la ville, trois en excursions et trois à me soigner et à me renseigner, ce qui est la chose la plus difficile du monde en ce pays où Cook existe à peine et où d'une région à l'autre on ne peut savoir rien de certain. J'étais revenue assez souffrante de Hang-Tchéou, et il fallait me remettre en état de partir pour faire le Yang-Tsé, ayant renoncé à descendre à *Foochou*, voyage par mer trop long et trop pénible, surtout en temps de simoun, avec de mauvais bateaux très irréguliers. Si cela n'eut demandé trop de temps, j'eusse été tentée plutôt de partir pour les ruines d'Angkor en même temps que les Chauvelot que j'ai de nouveau rencontrés ainsi que M. R... Celui-ci ne partage pas complètement les idées du consul Il voit en Yuan-Shi-Kaï homme nécessaire, qui seul a la poigne voulue pour mettre à la raison tous les jeunes Chinois déclassés et ambitieux qui sont allés à l'étranger se pourvoir d'idées révolutionnaires n'ayant rien de pratique. Quant à M. J..., interprète de la Cour mixte, il croit à de nouveaux troubles si le régime continue; il pense que peut-être le Sud se séparera du Nord et accepterait le dictateur s'il était moins tyrannique. Il dit que la masse du peuple ne se doute même pas qu'il n'y a plus d'empereur, mais souffre de sa misère et se révolte à cause des impôts.

Fou-Tchéou, la Venise chinoise, m'a rappelé Canton par ses rues étroites et populeuses. Une des particularités, ce sont les canaux d'eau fétide et noire, bordés de cabanes, qu'on traverse par les ponts en dos d'âne souvent fort raides. Beaucoup de soldats débandés qui se transforment souvent en bandits errent dans les rues, et ils occupent en force la grande pagode qui est le principal monument de la cité. Aussi me souvenant des conseils de prudence du consul je n'ose m'aventurer au milieu de cette troupe qui m'entoure déjà et renonce à monter à l'intérieur d'où la vue est belle, paraît-il.

Je retourne à la petite auberge tenue par l'oncle de mon guide après avoir visité un jardin de rocaille très réputé, mais c'est toujours la même chose et j'aimerais bien mieux de la verdure. Je reste à contempler toutes les jonques qui passent sous le pont et les élégants house boats qui contiennent salon, salle à manger et chambres. C'est le grand sport du pays d'aller par les canaux et les rivières se promener sur les grands lacs des environs. En été on fait ainsi de jolies parties, mais il y a quelque temps, trois européens de la police qui chassaient sur le lac ont été pris par des pirates, et c'est pourquoi il vaut mieux s'en abstenir; la saison est d'ailleurs peu favorable.

CHAPITRE XIV

Hang-Tchéou.

16 novembre.

Escortée de M. D.,,, du Consulat de Shang-Haï, de M. J..., interprète chinois de la Cour mixte qui parle admirablement le français, et d'un détective chinois de la gare, je me mettais en route à 8 heures du matin pour faire l'excursion d'Hang-Tchéou, la plus recommandée des environs de Shang-Haï. C'est à cause des temps troublés où nous sommes que l'excellent consul général, avait jugé ce luxe de précautions nécessaires, car des voyageurs français avaient été quelque temps avant molestés ou ennuyés sur le train par les soldats eux-mêmes qui, sous prétexte de vérifier s'il n'y a pas des suspects, vous font ouvrir vos bagages, vous réclament un passeport, etc. Pour une femme seule, ce n'est pas agréable d'avoir affaire à ces barbares, et je m'en étais rendu compte la veille en visitant Focohou, seule avec mon guide chinois.

Il faisait un temps splendide, quoique un peu refroidi par une grosse tempête de la surveille. La gare était comme toujours bondée de voyageurs de troisième. Dans les premières classes, il n'y a sur ce train chinois, le premier fait exclusivement par eux il y a trois ans, que des petits compartiments de trois à quatre personnes ressemblant à des cabinets particuliers dont la forme est aussi incommode que possible, et la moleskine déjà tout usée, tout cela dégoûtant et sans tapis.

Nous finîmes par nous installer dans la salle à manger qui possédait une belle table ovale, couverte d'une nappe à peu près blanche, pour déployer le plan du

fameux lac Si-hon que nous voulions visiter. M. J...,
qui est du pays, soutenait qu'il fallait trois jours; j'étais
bien décidée à le faire en deux jours pour pouvoir prendre
le bateau du 17, ce que mon indisposition ne me permit
pas.

En sortant de Shang-Haï, on aperçoit la pagode de
Longuha, et il y en a d'autres presque à chaque station;
la campagne est plate, admirablement cultivée comme
partout; elle donne deux récoltes de riz par an; il y a
beaucoup de plantations de mûriers, car cette région
fournit presque toute la soie, mais ils ont déjà perdu
leurs feuilles et les champs ont presque l'aspect d'hiver
de chez nous. Il y a plus d'arbres que sur la route de
Pékin et quelques-uns tout colorés par l'automne : un
lacis de nombreux canaux dérivés des fleuves aussi
grands que la Seine et coulant à pleins bords, si bien
qu'on aperçoit dans toutes les directions des bateaux à
voiles qui ont l'air de se promener au milieu de la campagne. Les villes sont toutes ceinturées de leurs vieilles
murailles crénelées, dont on ferme encore les portes le
soir à 6 heures comme au moyen âge; il y a beaucoup de
villages et même des habitations isolées, des ponts de
pierre en dos d'âne sur les canaux pour laisser passer les
bateaux; partout de petits kiosques en paille qui
abritent des pompes pour élever l'eau dans les rizières
et même parfois dans des *prairies* d'herbe verte, les
premières que je vois dans ce pays.

A chaque station se trouve un détachement de soldats du Nord en uniforme kaki, couverts de cartouches,
et qui montent dans le train pour inspecter. Dans la
salle à manger, c'est un va-et-vient perpétuel : les voyageurs qui passent, les marchands de journaux, les porteurs de serviettes mouillées chaudes, avec lesquelles les
Chinois aiment à s'essuyer les mains et la figure; les
portes d'ailleurs ne ferment pas. On se fait servir à la
carte; ce n'est pas plus mauvais qu'ailleurs. Mais voici
que notre train s'arrête, la locomotive ne marche plus,
l'incurie chinoise attendant toujours pour réparer au

dernier moment. Cela nous vaudra une heure de retard. Enfin, nous arrivons à 2 heures à Hang-Tchéou; sur le quai je remarque trois Chinoises vêtues de noir qui sont chargées de fouiller les bagages des femmes, comme les soldats ceux des hommes, mais bien entendu, on ne touche pas aux nôtres.

Il s'agit d'abord de choisir l'auberge chinoise où nous passerons la nuit, car celle du lac est fermée. *Washington-Hôtel* attire notre attention; toutefois, en regardant de plus près, il n'y a pas de matelas ni de draps aux lits en fer; l'hôtel ne fournit pas la nourriture européenne, mais nous avons apporté trois poulets, etc., qui ne seront pas consommés.

Vite en route pour le lac. Je choisis une chaise qui a l'air d'une petite cage vitrée d'où je peux très bien voir tout en étant abritée de la fraîcheur. Mes trois porteurs se relayent sans cesse et poussent sans arrêter des gémissements et des éjaculations qui les aident, paraît-il, dans leur rude métier.

Au bout de vingt minutes de marche dans les ruelles fétides, nous sortons dans la campagne, et presque aussitôt nous apercevons le beau lac d'argent encadré dans sa ceinture de montagnes. Ce qui en fait le charme, ce sont tous les monuments anciens dont les bords sont parsemés, les riantes villas bâties à mi-côte, les îles boisées qui se dessinent à la surface, les nombreux house-boats et les barques de promenade qui glissent sur son miroir poli.

Nous parcourons d'abord le jardin en terrasse établi sur les ruines d'un ancien palais impérial et tout plein de chrysanthèmes. Du kiosque du sommet, on embrasse toute l'étendue du lac dont il faut un jour entier en bateau pour faire le tour. Deux stupas bouddhiques à demi-ruinés (ils datent du XIIe siècle) s'élancent du faîte des collines et donnent à ce paysage son cachet chinois. Malheureusement, au milieu de ces monuments vénérables, les Chinois ont eu le mauvais goût d'ériger des édifices modernes en briques rouges qui détonnent singulièrement (entre autres les tombeaux de quelques révolutionnaires de marque tués en 1911). Ils voisinent avec le curieux mausolée du général Yu, de la dynastie des Song qui, après avoir rendu de grands services à l'empereur, fut calomnié et assassiné. Son temple se compose d'une série de pavillons dont le principal contient sa statue en terre cuite et celle de sa femme, de deux mandarins civils et militaires plus grands que nature; malheureusement, ils sont peinturlurés de frais, en costumes rutilants : auprès sont ses cinq concubines et ses enfants, mais les plus curieux monuments ce sont, dans l'avenue qui mène aux tombeaux, les statues des quatre traîtres agenouillés, qu'une inscription recommande aux passants d'insulter et de souiller.

Il y a encore sur la rive du lac plusieurs de ces jardins de rocailles qui plaisent tant aux Chinois et peut-être furent importés de France au XVIIIe siècle par les Jésuites; de gracieux portiques incurvés s'élèvent au bord de l'eau. Il paraît que cette forme de toiture doit faciliter le renvoi des esprits ainsi que les dragons qui les garnissent.

Nous reprenons les chaises pour traverser le lac par une digue boisée, entrecoupée de ponts en escalier qui demandent aux coolies un vigoureux effort pour hisser nos chaises. C'est très joli de voir la nappe d'eau briller à droite et à gauche à travers les buissons et les arbres dorés. Les ombres des montagnes s'allongent sur le miroir de l'eau à peine ridé. Nous abordons au pied de l'*Efuncta* qui se dresse sombre et rougeâtre au crépuscule, puis jusqu'à la ville c'est une chevauchée dans la nuit aux cris assourdissants des porteurs.

Nous avons dîné dans ma chambre avec de la soupe apportée d'un restaurant chinois et nos provisions; c'était comique, puis j'ai essayé de dormir sur mon matelas, l'unique dans l'auberge, mais il régnait un tintamarre infernal, et j'ai su le lendemain matin que des policiers chinois étaient venus à minuit inspecter toutes les chambres sauf la mienne, que mes compagnons ont fait respecter.

Une indisposition résultant de la fatigue m'a empêchée d'accompagner M. D... au temple de Li-In. Il paraît que c'est un des plus curieux et des plus anciens sanctuaires bouddhiques de Chine. On suit en chaise le cours d'un ruisseau le long duquel les statues de Bouddha sont taillées à même le roc; il y en a plus de 500 qui remontent au VIIe siècle, puis on traverse le torrent pour arriver au monastère enfoui sous les grands arbres. Le temple est soutenu par des colonnes de bois de cèdre et fort beau.

CHAPITRE XV

Chin-Kiang.

Je suis en train d'écrire à la gare devant une assistance d'une vingtaine de Chinois, soldats, coolies, employés du chemin de fer qui me dévisagent comme si j'étais une véritable bête curieuse. Nulle part, je n'ai vu comme en Chine la badauderie populaire : mon boa en renard ne manque jamais d'exciter la curiosité et les plaisanteries des femmes qui s'approchent de moi par derrière pour le toucher, car c'est pour elles un animal maléfique, et sans doute elles ne peuvent comprendre qu'on le porte sur soi.

Après m'être soignée et reposée deux jours par ordre du Dʳ Fresson, je suis partie définitivement ce matin de Shang-Haï par un train express du matin *bien chauffé,* et où j'ai fait un *bon déjeuner* sur la table longue qui occupe le milieu du compartiment; je note le fait pour sa rareté. J'étais accompagnée du petit guide chinois qui m'avait déjà conduite à *Soochon :* il parle bien anglais et est vraiment assez bien élevé. Je l'ai prié de s'informer sur le train si ce que je désirais faire ne présentait aucun risque, car en ce moment, on ne peut entreprendre aucune excursion sans être menacé des brigands. Le chef de train, le chef de gare lui ayant dit que c'était « *very safe* », nous sommes descendus à Chin-Kiang, point où la ligne de chemin de fer atteint le Yang-Tsé qu'elle suit après cela jusqu'à Nankin.

Depuis Nusich, la campagne était devenue aride et nue, comme aux environs de Pékin, et mamelonnée de quelques hauteurs qui forment un cirque autour de la ville, si bien que, chose rare en Chine, il nous a fallu passer un tunnel à la gare. Je me suis fait donner des coolies par le chef, et nous sommes partis en chaise pour *Kisson-Kill* dont on voyait de loin la gracieuse pagode s'élancer du rocher qu'elle couronne. Il y a une demi-heure de trajet environ, à travers les faubourgs, les canaux ou dérivés du grand fleuve, encombrés de jonques ou de troncs d'arbres; quelques saules encore verts, bordant les avenues, prêtaient leur grâce fragile à ce paysage d'eau et de montagnes.

Le temple principal du Monastère, qui remonte à 2.000 ans, est au pied du monticule qui sert de piédestal à la pagode. Au moment où nous entrions, les bonzes étaient en train de commercer leur office de vêpres par des chin-chin et des chants. Il y a trois grands Bouddhas dont l'un tout doré a la face réjouie par un large rictus, quatre gardiens coloniaux peinturlurés, et dix-huit statues de *Boddhitsavas* grandeur nature, peints couleur de bronze, de chaque côté du temple; malheureusement, ces statues ont été tellement réparées qu'elles semblent neuves. On monte un second escalier pour atteindre l'oratoire de la Kouanin dont un jeune bonze, au crâne marqué des pointes de feu rituelles, m'offre une image dessinée par lui; nouvel et troisième escalier pour gravir un nouvel escarpement, et un petit escalier intérieur des plus raides pour arriver au 1er étage de la pagode garni d'une balustrade. Là on est récompensé par le superbe panorama qu'on découvre tout autour : à pic, au-dessous, le lit large et limoneux du grand fleuve, semé de paquebots et de barques, au sein duquel se dresse le Mont d'Argent, et qui se perd dans le lointain; sur la rive droite, le coquet settlement de Chin-Kiang qui borde le port, puis la ville chinoise; sur l'autre rive les montagnes. C'est, paraît-il, un des points les plus pittoresques de la vallée du Yang-Tsé que ce belvédère naturel qui a été chanté par l'empereur Kien-Lung, dont la tablette ornée d'une inscription composée par lui, se voit au pied de la pagode. Malheureusement, cela n'a occupé qu'une heure et il a fallu en attendre deux pour le tram suivant; j'en ai passé une partie à faire causer d'abord les bonzes qui ne sont plus que 200 d'âge mûr, car le recrutement est devenu difficile, puis mon guide, qui paraît un garçon intelligent, reflétant l'opinion modérée; il reconnaît que l'éducation de la petite bourgeoisie est une chose nécessaire pour les femmes aussi bien que pour les hommes, mais qu'il est bien difficile de se procurer une situation.

Déjà marié, père d'une petite fille, il a essayé de différents bureaux et en est réduit à se faire guide, quoique propriétaire d'un petit bien qu'il fait cultiver par d'autres et qui forme le fonds de son revenu; mais il se plaint de la parenté qui tombe sur vous dès qu'on a de l'argent, particulièrement l'insatiable belle-mère *la plaie de la famille chinoise*, qui se fait déjà payer de 2 à 500 dollars pour donner sa fille en mariage et n'offre en dot que le mobilier du ménage. Or, la noce, qui dure trois jours, a déjà coûté cher en ripaille et musique; puis il faut les vêtements de soie, souvent fourrés, de Monsieur et de Madame, l'éducation des enfants. Cong-po estime que les filles doivent en recevoir et que la vieille méthode de leur déformer les pieds et de les garder à la maison doit être abandonnée. Il trouve agréable d'avoir une femme instruite, pouvant aider son mari. C'est du reste aussi l'avis de Justin l'interprète. Le féminisme intelligent a donc fait des progrès jusqu'en Chine dans les classes sociales modestes.

Nous nous séparons à Nankin où il n'y a plus rien à voir depuis le sac récent de la ville par un fameux général. Les tombeaux des Mings sont pareils à ceux des environs de Pékin.

CHAPITRE XVI

Le Yang-Tsé.

20 novembre.

Ce matin, à 7 heures, je quittais l'hôtel Bridge-House qui s'est relevé récemment de ses ruines, et qui paraît assez propre et bien tenu. En allant au port, nous avons vu des maisons brûlées et d'autres en train de se rebâtir, car il paraît que le calme règne maintenant à Nankin (peut-être comme il régnait à Varsovie).

Le *Luen-Y* était amarré à un vieux ponton. Ma cabine était réservée; mais il est fort heureux que je me sois informée exactement de l'heure du départ hier soir et ce matin, car à peine étais-je là depuis cinq minutes que, sans tambour ni trompette, sans pousser un seul mugissement, le bateau est parti doucement. Le capitaine m'a dit depuis qu'il m'attendait ! Peut-être est-ce une plaisanterie, mais il est certain qu'il est parti sitôt après mon arrivée. Un bateau japonais avait filé en avant quelques minutes plus tôt. Dans la brume du matin, c'est à peine si on apercevait les rives plates du Fleuve immense, et on se serait cru sur la mer : dans le lointain, les bâtiments du port et les pontons, c'est un tableau qui ne manque pas de grandeur. Il paraît que déjà les eaux ont baissé pas mal et que le plus bas étiage sera en mars. Mais déjà le fleuve s'est rétréci et nous nous sommes rapprochés de la rive droite qui est basse et plate, semée de quelques groupes d'arbres, mais des chaînes de collines s'estompent à l'horizon.

Comme en déjeunant je disais au capitaine qu'il n'y avait pas d'arbres en Chine : « Attendez, me dit-il, d'avoir vu ces immenses radeaux composés de troncs d'arbres géants sur lesquels vit une population flot-

tante et qui descendent du haut Yang-Tsé. » Le fait est
que j'en avais déjà remarqué hier dans les canaux. Ce
capitaine est un bon type : il n'est jamais entré à Nankin
ni dans la cité chinoise de Shang-Haï, mais il avait raison de me faire observer qu'il faut parcourir la Chine
pendant des années pour avoir rien qu'une légère idée
des territoires et des populations si diverses qu'elle
renferme. Je me suis rendu compte par moi-même de la
différence de l'état d'esprit qui règne entre Shang-Haï
et Pékin : si l'un est la tête, l'autre est le cœur de cet
immense empire : ses sociétés sont très différentes,
l'une surtout composée d'hommes politiques, de diplomates et de banquiers; l'autre d'hommes d'affaires.
Quant à Canton, c'est encore une autre mentalité : celle
des Chinois du Sud, partisans des doctrines de Sun-
Yat-Sen, aujourd'hui banni par son rival plus habile
et réfugié, au Japon, mais qui sait si le Sud ne se révol-
tera pas un jour contre la dictature de Pékin?...

L'eau et le ciel sont d'une couleur gris perle indéfinis-
sable, et se confondraient s'il n'y avait pour les séparer
une mince ligne de terre festonnée d'un peu de verdure;
des flottilles d'oiseaux aquatiques s'ébattent dans notre
sillage. D'immenses champs de roseaux desséchés
bordent les rives du fleuve; quelques indigènes sont
venus en couper pour faire du combustible; ils sont
campés sous des huttes et ont tendu leurs engins de
pêche; leur embarcation est chargée à couler bas de
fagots de roseaux.

Vers midi, nous passons entre les *Deux piliers*, rochers
à pic de 80 mètres de haut, dressés comme des forte-
resses et garnis de canons. A leurs pieds sont quelques
pauvres villages de maisons en chaume et pisé, mais
entourées de massifs de saules qui font quelques taches
de verdure. D'énormes jonques de mer pontées aux
voiles en lanières, nattées dans du bambou, descendent
le fleuve, et nous croisons un autre paquebot, tandis
que le japonais *Sianbang Maru* se tient toujours à
notre hauteur.

Une heure. — L'arrivée à Wuhu est amusante. A peine arrêtés, nous voyons une foule de sampans s'élancer vers nous, comme des moustiques sur une proie; sur la rive quatre ou cinq gros bateaux sont amarrés, la ville se présente agréablement. Sur une série de monticules sont bâtis les bungalows des missionnaires, dont l'un sert de demeure à l'agent de la Compagnie, au milieu de la verdure; puis au centre, dominant la côte, se dresse sur une éminence la cathédrale catholique imposante dont le fronton est orné d'une rosace. On voit que les Pères ont songé à construire une belle église avant de penser à eux-mêmes, et cela me rappelle l'aveu du jeune Dubois, élève consul qui, bien que non baptisé, me disait : « L'influence française ne repose en Chine que sur les Missionnaires. »

Puis voici des magasins, des entrepôts qui feront bientôt un Bund, des maisons blanches, une flottille de jonques. Enfin, à l'extrémité de la ville, un vieux stupa rappelle l'existence du culte bouddhique qui possède ici 97 temples rebâtis depuis la révolte des Taïpings.

Vendredi, 21 *novembre,* 2e *jour.*

Ce matin, sur un ciel d'orage, série de tableaux pittoresques : le fleuve serpente entre des montagnes dont certains cônes abrupts me rappellent ceux de la mer intérieure à laquelle cette navigation me fait souvent penser. Sur notre gauche, plusieurs rangées de chaînes dentelées vont, en s'estompant, de plus en plus, à l'horizon tandis que des îles, nouveaux alluvions formés par le fleuve, rétrécissent un moment le cours que nous suivons.

Un monastère bouddhique est planté sur un rocher, mille mètres à pic au-dessus de l'eau; plus loin, un autre promontoire escarpé est couronné de bastions défendus par des canons depuis la dernière révolte; au pied, toute une flottille de voiles reflète la lumière éblouissante du soleil, et je regrette encore une fois de n'avoir pas un appareil pour fixer ces curieuses images sur le papier. Il paraît que le cours du fleuve se déplace sans cesse. En été, il couvre toutes les plaines environnantes et la navigation est plus dangereuse, car le chenal est difficile à trouver.

Je ne sais pas si pour aller à *Ichang* mon bateau pourra voyager la nuit, car les eaux sont basses. Le commandant V... disait l'autre jour qu'il ne savait pas s'il pourrait remonter jusqu'à Hankéou avec sa canonnière.

La population est très clairsemée; sur les berges on voit de temps à autre quelques cabanes de terre et de roseaux, des champs verts, je ne sais pas si c'est de l'herbe ou du riz, et des saules.

Onze heures 1/2. — Nous venons de passer tout près du *Petit Orphelin*, un bloc de rocher perpendiculaire qui barre le fleuve. Ce qu'il y a de plus extraordinaire, c'est que le sommet, à 80 mètres à pic au-dessus de l'eau, porte une petite pagode, et un peu au-dessous un monastère dont les quatre toitures en étage sont collées au roc, et dont les murs éclatants de blancheur attestent qu'il est habité : j'ai même vu une ombre. Comment ces hommes peuvent-ils vivre là, isolés, en plein fleuve sur un récif sans accès, sauf peut-être un escalier taillé dans le roc? Cela vous plonge dans la stupéfaction. Tout près de là, de l'autre côté du fleuve, une muraille crénelée couronne la ligne de faîte de tous les mamelons environnants. Cette enceinte vide étonne par sa hardiesse. Le petit port est planté d'une allée de saules et compte pas mal de jonques.

Le fleuve s'élargit et se resserre, à chaque instant il forme de brusques détours, s'étale comme un lac; il est très varié dans sa monotonie et animé par de nombreuses jonques. Tong-lieou Hiel est bâti en partie sur un monticule et entouré d'une muraille crénelée, c'est l'endroit où la révolte a commencé. De là l'œil enfile l'immensité du lac *Poyang* dont la nappe grise s'étend au loin, et un second rocher, le *Grand Orphelin*, se dresse à l'entrée du lac que domine la haute silhouette à peine visible du *Kuling* à 5.000 pieds au-dessus. La légende chinoise, racontée par un vieux missionnaire, explique comme suit le nom bizarre de ces deux rochers : un général chinois, devant livrer une bataille dangereuse, confia ses deux enfants à un serviteur dévoué et celui-ci les amena au bord du fleuve où il rencontra une énorme grenouille qui les prit sur son dos, mais bientôt le plus jeune épuisé se laissa choir dans l'eau et fut transformé en rocher, le Petit Orphelin; le second fit de même un peu plus loin à l'entrée du lac Poyang et devint le Grand Orphelin. Enfin, la grenouille elle-même se noya et devint le rocher du même nom.

Trois heures. — Voici la jolie petite ville de Kiu-Kiang avec son Bund ombragé d'arbres; mais, il nous faut attendre pour aller à terre que le précédent bateau ait quitté le ponton, ce qui nous fait perdre du temps. Aussitôt amarré, je me précipite à terre, escortée de l'Anglais de Hong-Kong, et j'arrive au Séminaire où les bonnes Sœurs m'apprennent que, prévenues de mon passage, elles ont tout préparé pour me recevoir. J'en suis confuse, car je n'ai qu'une heure à passer ici. Les bonnes Sœurs ne disent combien elles sont désolées que *Luen-Y*, excellent bateau construit en France et commandé par un capitaine français, n'ait pas réussi dans sa tentative de fonder une ligne de navigation portant nos couleurs. Il a été acheté par la maison Butterfield de Shang-Haï qui, avec Jardines, concentre entre ses mains tout le trafic que ne gardent pas les jonques chinoises et les paquebots japonais. Depuis longtemps déjà, l'Angleterre a jeté son dévolu sur cette riche vallée du Yang-Tsé, le cœur de la Chine, et elle ne souffre pas de concurrence, là où elle veut établir son influence.

J'aurais beaucoup aimé à causer avec Mgr Fatiguet, évêque de la mission, et l'un des plus distingués..., mais il est absent et je ne puis que prier les Sœurs de lui exprimer mes regrets... Au moment où le bateau va

partir, je suis toute surprise de le voir monter la passerelle, chargé de souvenirs du pays qu'il a la bonté de
m'offrir : du thé renommé, un joli service de tasses de
porcelaine... Très touchée de cette réception si française
dans ce coin perdu de la Chine, je lui exprime l'espoir de
le revoir à Pékin !

Le soir, un magnifique coucher de soleil embrase les
eaux du fleuve étendues comme un lac...

CHAPITRE XVII

Han-Kéou.

Samèdi, 22 novembre.

Fatiguée par mon rhume qui me retombe sur la poitrine, je suis tout étonnée, en sortant de la cabine vers 9 heures du matin, de voir que nous arrivons déjà à Han-Kéou. Nous dépassons d'autres bateaux amarrés, et entre autres, le *Shasi*, qui est celui que je dois prendre pour aller à Ostchang et pareil au mien en plus petit; mais déjà je me demande s'il sera bien prudent de me lancer dans cette nouvelle expédition? Je me précipite à l'agence Butterfield, sur le Bund, et là on me confirme ce que je redoutais : le *Shasi* ne partira que lundi, et *à cause des basses eaux* il mettra dix jours pour aller à Ostchang et revenir, forcé de s'arrêter la nuit. Me voilà bien refroidie ! Avant de me décider, je veux prendre conseil du consul de France chez lequel me mène un rickshaw.

Le bungalow se présente bien au milieu d'un grand jardin dont les allées sont toutes fleuries par un triple rang de pots de chrysanthèmes doubles. M. L... me fait l'accueil le plus cordial; il ne veut pas que je descende à l'hôtel et envoie chercher mes bagages sur le bateau; sa femme qui arrive aussitôt est on ne peut plus gracieuse et aimable. Elle relève d'une grave typhoïde et paraît à peine remise On me remet tout mon courrier et ma jaquette d'astrakan. Enfin, arrive ma malle partie de France *en juin !* elle a fini par atteindre Pékin le 15 *novembre*, en bon état, mais Mme L... trouve comme moi que le service des messageries est déplorable. Elle me fait voir sa serre remplie de Poinsetia qu'elle a fait venir d'Amoy, puis je dépouille mon volumineux courrier rempli de nouvelles intéressantes.

Au déjeuner, j'ai pour voisin M. L..., vice-consul, un charmant garçon qui a passé trois ans à Tchentou, au-dessus de Tchonking, perdu tout seul en pleine Chine ! Il a assisté aux batailles entre Chinois ! Il me dit que le fleuve jusqu'à Ichang n'a rien d'intéressant et que je vais trouver là-bas un froid terrible. Une Anglaise, qui a fait cette excursion, en est revenue très désappointée; cela ne vaut pas la peine de faire dix jours de bateau ! Me voilà donc encore une fois arrêtée dans mon élan. D'ailleurs; je sens qu'il serait imprudent de m'embarquer avec ma trachéite, je vais tâcher de me faire rembourser mon billet.

Au déjeuner, on parle surtout des courses, qui surexcitent les amours-propres nationaux. Nous allons en voiture au champ de courses situé hors des concessions et gracieusement décoré de fleurs. Par exception les Chinois y sont admis, car c'est leur tour demain de recevoir les Européens sur leur propre terrain.

D'ailleurs, ils ont les meilleurs chevaux, étant plus en état de les payer. Ensuite, ce sont les Russes qui forment la colonie la plus riche à cause de leurs fabriques de thés et de briques (ils nous ont pris le meilleur de notre concession). Le consul d'Italie, M. de R..., dont la femme est française, est aussi très fortuné. Je constate que notre Consul et sa charmante femme sont entourés d'estime et de sympathie mais semblent sur un pied plus modeste que les autres. Le nouveau règlement va encore rogner sur la part de nos représentants en Chine et tout le monde s'en plaint; on a déjà supprimé plusieurs postes et les titulaires ne savent ce qu'ils deviendront, car on se spécialise forcément dans un pays où la langue est si difficile à apprendre.

Ces messieurs sont unanimes à déplorer le changement dans les façons des Chinois qui ont perdu toute politesse : ils entrent au Consulat le cigare à la bouche. On ne peut plus rien en tirer.

Je suis étonnée de voir pas mal de dames chinoises dans la tribune; elles ont revêtu leurs plus beaux atours, c'est-à-dire des paletots de satin ouatés à haut collet fourré, des robes de satin gris ou vert à dessin ton sur ton. Les jeunes filles sont en pantalon, et comme elles se fourrent des casquettes sur la tête et portent la natte pendante dans le dos, on se demande tout le temps si ce sont de jeunes garçons. Leur chignon est orné de perles fines, mais elles sont en général bien peu séduisantes de tournure et de physionomie; c'est, en tout cas, un énorme changement dans les mœurs que de les voir ainsi en public.

M. R... n'est arrivé que deuxième pour la Coupe française et un autre Français, M. B..., a pris une tape. C'est étonnant combien on se passionne pour ces questions à l'étranger !

Je demandais à M. L... si à son avis notre influence augmentait ou diminuait : « Elle reste telle, mais par le fait, elle s'amoindrit en comparaison des autres (anglaise, allemande, italienne) qui se développent. Les Anglais ne font que les grosses affaires, sûres; les Allemands ne reculent devant rien, ils aiment mieux perdre de l'argent que de rester inactifs. Entre les deux, ils ne nous laissent pas grand'chose, puis il y a les Japonais. Nous n'avons pas de bateau; le jour de la proclamation de la présidence, il a fallu que je fasse venir le *Libreville* pour que la France soit représentée. On vient de fonder une nouvelle banque franco-chinoise qui peut être très utile; elle a déjà fondé une tannerie à Tien-Tsin avec des capitaux français et un personnel chinois, Reste à savoir si la Chine ne fera pas bientôt faillite. car le Trésor est vide. Il faudrait aussi des écoles supérieures dirigées par des Français. »

Le soir, nous causons amicalement de la Touraine qu'habitent les L... l'été; leur beau-frère a été chargé par l'Alliance Française des conférences à New-York cette année. Ce sont des gens très simples, mais très cultivés.

Le lendemain matin dimanche, le ménage m'accompagnait à la messe M. L... tient l'orgue; il s'occupait à Paris du patronage de Saint-François-Xavier; le P. Gassien, supérieur des Franciscains, a fait notre joie avec ses trois homélies sur le jubilé, en français, anglais et allemand. Il y avait là une détachement de marins allemands qui se roulaient en l'écoutant. Malheureusement la Mission est italienne, et il n'y en a pas de française ici. Celle de Kiou-Kiang devrait dépendre de Hankéou plutôt que de Shang-Haï.

Notre après-midi se passe au champ de courses chinois où M. L...., le comprados de la Banque d'Indochine, nous offre le thé. C'est le plus riche chinois d'Hankéou et il parle très bien notre langue. Il a près du chemin de fer des terrains couverts de paillottes auxquelles il fait mettre le feu toutes les semaines parce que ces malheureux ne peuvent lui payer de loyer; mais il a des ennuis avec la municipalité française qui ne veut pas lui laisser habiter sa maison sur la concession. Il nous présente un jeune jockey chinois élevé en France qui parle très bien et a pris chez nous l'air dégagé.

J'aurais préféré aller voir Wuchang et Hongong, les deux grandes cités, mais les courses amusaient plus mes hôtes. Ils ont bien voulu se renseigner sur les grottes de Longnen où j'avais pensé m'arrêter, passant non loin de là d'après le consul d'Italie qui y a été, il faut au moins huit jours pour faire cette excursion qui est très dure, puisque impraticable pour une femme seule, surtout en ce moment avec les soldats-brigands qui ont du reste abîmé en partie les statues. Encore une excursion à laquelle il me faut renoncer !

Il ne me reste donc plus qu'à rentrer directement à Pékin, mais même pour cela, étant donné que je ne puis attendre l'express qui ne part que le vendredi; il va me falloir une voiture spéciale pour me mettre à l'abri des soldats qui infestent la ligne, me fournir le coucher et les munitions. M. B... va faire attacher au train omnibus le wagon-salon qui sert au directeur, tandis que les

L... veulent absolument me fournir les provisions de route. Je suis donc partie lundi matin logée comme une princesse dans ce wagon-salon, avec deux couchettes, cabinet de toilette, cuisine et deux boys à mes ordres, dont l'un m'a fait des repas très bons.

Détail piquant : à l'autre bout du train un autre wagon a été attaché, mais c'est pour un malheureux chinois arrêté à Wucha, suspect politique, qui est escorté de 56 soldats et officiers ! Je ne peux m'empêcher de plaindre ce malheureux qui marche vers le supplice, car il paraît que la mort lente où l'on vous coupe par morceaux est encore en usage. Un général pendant la guerre civile a forcé ses soldats à manger de la chair humaine. Il est vrai que la vie a pour eux bien moins de prix que pour nous. Il paraît que tous les jours pendant l'été le train écrase des dizaines de coolies qui prennent le rail pour oreiller et y tiennent leur marché, d'autres se couchent sur les wagons pour voyager en fraude et se font décapiter par les ponts ou les tunnels.

Au sortir d'Hankéou, on longe quelque temps le Yang-Tsé puis la plaine labourée redevient aride et nue, sans arbres.

On traverse ensuite quelques montagnes aussi désolées en cette saison, qui contiennent cependant une station d'été, mais il n'y a plus de feuilles aux arbres; ce n'est plus le moment de voyager. Je n'ai pu voir malheureusement le pont du fleuve Jaune à minuit !

Ce matin, après une bonne nuit, voici que le soleil se met à briller sur des guérets où quelques buffles tirent la charrue, et qui s'étendent à l'infini comme le désert. Les villages seuls, en huttes de pisé aux toits plats, sont entourés de cours en briques et d'arbres dont quelques-uns, les saules, ont gardé leur feuillage doré; sans cela aucune trace de verdure, si ce n'est les cyprès qui entourent les tombes semées dans la campagne. Je ne sais pas s'il existe au monde un pays mieux cultivé mais plus ennuyeux à parcourir que ces régions du Tcheli.

A *Cho-Kia-Tchouang*, qui est l'embranchement de la ligne sur Tai-Guan-Fou, je remarque un singulier monument qui doit être moderne; c'est un kiosque dont le toit en forme de parapluie déployé abrite des tablettes.

Onze heures, traversée du Hon-ti-hi qui est presque à sec.

A Tchen-Ki-tou, je mets un instant pour respirer le nez à la portière, et dès qu'ils m'aperçoivent, un détachement de policiers et leur sergent se dirigent vers mon wagon. Je n'ai que le temps de donner un tour de clef à la porte du salon et de sonner le boy qui se met à sourire en me disant que depuis longtemps il avait fermé à clef la porte extérieure. C'est ainsi que j'ai été préservée de la fâcheuse visite des policiers, et j'ai été bien surprise de voir le même boy refuser *au premier moment* le pourboire que je lui offrais ! Je croyais cela impossible en Chine.

Pendant ces deux jours, j'ai dévoré la *Vie de l'Impératrice douairière,* de Brandt, qui m'a appris sur les récents événements bien des détails que j'ignorais. C'est passionnant comme un roman, et la figure de la vieille souveraine égale les pires impératrices de Byzance !

Je vais étudier maintenant avec un intérêt nouveau cette société chinoise que je n'ai fait qu'entrevoir, puisque j'ai quitté la capitale vingt-trois jours seulement après mon arrivée et que j'en suis restée absente près de six semaines.

Voilà huit jours seulement que je suis rentrée; mon voyage, bien qu'écourté, m'a fait voir et entendre beaucoup de choses que je n'aurais jamais sues si je n'étais sortie d'ici. Ce court exode m'a permis d'avoir une opinion plus personnelle sur l'état actuel du pays. Maintenant, il fait bon se reposer, car l'hiver a pris brusquement; il fait un vent glacial et le soleil ne fait que dégeler un peu l'atmosphère : on apprête la patinoire. Pendant trois mois il sera impossible de faire aucune excursion, mais nous allons être occupés par la saison mondaine qui commence. Je sais qu'il se prépare de nombreuses réunions, mais je voudrais surtout causer avec des gens du pays, m'initier à cet art dont jusqu'ici j'avais si peu goûté les manifestations et que je commence à aimer.

CHAPITRE XVIII

Pékin.

29 novembre.

Samedi dernier, il y avait à la Légation un grandissime dîner de trente-deux couverts, composé surtout de hauts personnages officiels chinois. Comme ils parlent peu ou point de langues étrangères, cela n'avait pas été chose facile de leur procurer des voisins pouvant causer avec eux, et cependant on y était arrivé, grâce aux interprètes de la Légation et à quelques personnes comme Mlle P.... Son père était placé de l'autre côté du secrétaire général de la Présidence, Leang-Sheu-Yi, qui était mon voisin de gauche; il voulut bien s'entremettre pour que je puisse échanger quelques mots avec ce puissant fonctionnaire qu'on dit être le père Joseph du nouveau Richelieu. Il a bien la tête de l'emploi, c'est-à-dire un faciès pétillant d'intelligence, et je ne pouvais m'empêcher de voir sur ses petites mains de femme, tout le sang versé depuis peu. Je fus étonnée de l'à-propos des questions qu'il me fit poser. Le général Tsai-Ao et le ministre des communications Tcheou-Tsen-Tsi avaient des figures bien plus franches et leurs uniformes leur allaient bien mieux que l'habit noir sous lequel bien des Chinois gardent leurs vêtements fourrés.

Le ministre promet monts et merveilles : il veut couvrir la Chine de voies ferrées.

2 décembre.

Hier c'était à la Légation de Russie que nous étions conviés pour assister à une charmante soirée de musique et de danses de boyards et de paysans en costumes du commencement du xviie siècle. Il y eut d'abord un chœur accompagné par tous les soldats russes sur leurs balalaïckas dont ils n'ont appris à se servir que depuis peu, puis une ronde exécutée par les officiers en blouses de soie rose et rouge, culotte de velours noir et bottes; les dames en tunique de satin de couleurs claires avec les hautes tiares ornées de perles et les voiles. Ce fut d'un effet charmant, mais le clou, ce furent les danses de caractère exécutées par M. et Mme S..., émules de de Nijinski.

Dans l'assistance il y avait pas mal de dames chinoises qui faisaient tache avec leur vilain costume au milieu des élégantes toilettes décolletées, mais il paraît que bien que ne pouvant causer, ces dames s'amusaient beaucoup d'un spectacle si nouveau pour elles, et qui doit leur suggérer une étrange envie d'imitation.

CHAPITRE XIX

Le Tour du lac du Nord.

5 décembre.

C'était par une des journées d'hiver si ensoleillées et si lumineuses dont Pékin a le privilège; les tuiles orangées des palais étincellent comme pailletées d'or, les murailles rouges de la ville impériale flamboient et la transparence de l'air est telle qu'on distingue les montagnes qui semblent rapprochées.

Guidées par deux aimables membres du Wai Chiao-Pu qui parlent très bien le français et nous font franchir ces portes interdites au public, nous entrions dans les jardins impériaux par la porte qui s'ouvre au pied du pavillon que Loti a illustré par son séjour, et qui renferme encore la coupe de jade la plus vaste connue et une belle statue de Kouannin.

Un pont de marbre à plusieurs arches, mais auquel il manque bien des morceaux de sa balustrade sculptée, nous faisait traverser un bras du lac pour arriver au portique en tuiles vernissées qui donne accès à un petit temple, dont le plafond en ogive est très joli, bâti au pied du monument visible de tout Pékin qu'on appelle le Peita, en forme de bouteille de Peppermint. Il paraît que ce sont les compagnons des empereurs mandchous qui ont fait construire cet oratoire dans le style thibétain. Dans un des pavillons se trouve un débris curieux, une série de têtes de Bouddha allant en diminuant et se tenant toutes comme une pyramide. Cela mériterait d'être recueilli dans un musée.

Nous gravissons ensuite une série d'escaliers fort raides (environ une centaine de marches) qui mènent au sommet du monticule couronné par cette sorte de cloche en maçonnerie *le Peita* peu gracieuse d'aspect, mais intéressante par son origine bouddhique. De la terrasse qui règne tout autour, on embrasse non seulement tout le lac séparé en deux par la muraille récemment bâtie par Yuan-Shi-Kai, mais le palais impérial dont les toitures orangées forment un pittoresque amas de lignes courbes s'entrecroisant dans toutes les directions, et tout autour de l'enceinte quadrangulaire, la ville tartare et la ville chinoise dont émergent quelques monuments : la tour de la Cloche, les clochers du *Peita*, et enfin les montagnes où l'on distingue le Palais d'été. Un délicieux petit pagodon tout en tuiles vernissées est posé sur un angle de la terrasse et encore intact, mais il contient une horrible idole aux cent bras. En descendant de l'autre côté du Peita par des allées en briques assez glissantes, nous en rencontrons plusieurs autres, bâtis au milieu des rocailles dont l'un porte une colonne assez curieuse formée de dragons entrelacés, puis la bibliothèque, galerie circulaire à ciel ouvert où les livres et les manuscrits sont remplacés par des plaques de marbre où sont gravés des distiques en vers composés par les empereurs ou d'autres poètes célèbres. Il y en a qui remontent avant J.-C.

Enfin, nous parcourons une galerie couverte qui suit le bord du lac gelé où l'on commence à passer à pied sec, et à l'autre extrémité duquel on aperçoit encore des temples et des pavillons. Nous suivons, pour y parvenir, la rive droite du lac par une grande allée bordée d'arbres verts où un bataillon de la garde présidentielle est en train de faire quelques exercices, mais ces soldats ont plutôt l'air de se livrer à des jeux qu'à de véritables manœuvres.

Au bout du lac se trouve une délicieuse maison de campagne qui a été remise à neuf pour Mme Lau : elle a son petit pont de marbre qui mène au jardin de rocailles obligatoires, des étangs de lotus et ses galeries couvertes. Mais un peu plus loin un superbe portique de grandes dimensions, tout étincelant de faïences jaunes et vertes dont certaines larges plaques représentent des dragons en relief, attire notre admiration et annonce le voisinage d'un temple important. En suivant un sentier qui contourne l'enceinte, nous arrivons au pied d'un monticule qui nous dérobait la merveille enfouie en ces lieux et si peu connue ! Une muraille de 100 mètres de long, de 20 mètres de haut, qui se compose de 9 panneaux de faïences de couleurs différentes représentant en haut relief 9 superbes dragons tous variés dans leurs attitudes au milieu des flots de la mer. Ce morceau unique, je crois, dans l'art chinois, est encore dans un état de conservation parfaite. Je n'ai encore rien vu d'aussi artistique , d'aussi éblouissant comme art décoratif; les deux faces sont différentes et les teintes vieil or, bleu lapis, vert, fauve, toutes d'une richesse que seule produit la palette orientale. Je ne m'étonne pas que M. d'A... ait songé à transporter à Paris cette merveille, surtout en voyant dans quel abandon la laissent les Chinois qui n'ont pas l'air de se douter de sa valeur (1).

A quelque distance s'élève le temple à plusieurs étages, également tout en faïences vertes et jaunes dont chaque brique porte une petite niche renfermant un minuscule boudah; malheureusement il est masqué par un pavillon octogone en bois sculpté très ancien renfermant des stèles gravées que les bonzes estampaient pour faire leurs images.

Un grand Bouddha en bronze doré et ses deux acolytes occupent le sanctuaire aujourd'hui abandonné qui renferme des sortes de stupas en bronze ciselé d'une hauteur inusitée, et aussi les quatre dieux protecteurs dont de petits démons s'efforcent de retenir les pieds qui les écrasent. Je remarque le sourire de mépris avec lequel nos guides chinois nous montrent ces idoles, tout en nous expliquant que c'était la chapelle particulière des empereurs.

---

(1) J'en ai obtenu la photographie en couleurs.

C'est peut-être la première fois que je vois en Chine un monument vraiment beau dans un cadre pittoresque. Ce lac gelé, aux bords gracieusement plantés et décorés, dont la nappe blanche s'étend sous nos yeux jusqu'au cône du Peita, bordé de sa galerie circulaire; ce temple superbe, dans ce coin de parc désert et délabré, au milieu de cette immense capitale, donne une impression étrange de grandeur et de misère, de passé somptueux et de pauvreté actuelle, mais on ne peut croire qu'une race si vivace qui a produit des monuments aussi grandioses soit destinée à disparaître.

CHAPITRE XX

Le Meîchan.

10 décembre.

Hier nous étions toute une bande à escalader les sentiers à pic menant au *Meïchan* ou montagne de charbon, où se trouve le kiosque à la triple toiture couleur de turquoise que je vois de mes fenêtres et qui domine tout Pékin; nous embrassions à nos pieds la majestueuse rangée centrale des toitures orangées du principal palais qui toutes sont orientées en ligne droite dans la direction de la porte Chien men, tandis qu'à droite et à gauche des bâtiments moins élevés renferment la demeure intime de l'empereur à l'est, et celle des concubines et des eunuques à l'ouest. Toute cette masse imposante constituant la ville violette est enfermée dans une enceinte carrée, qui la sépare de la ville impériale, dont le centre est formé par le lac divisé lui-même en deux parties par le mur de Yuan Shi Kaï.

En se retournant, on a sous les pieds le temple des ancêtres, puis une longue et large avenue aboutissant à une porte monumentale, et le lac gelé, bordé de palais et de temples; au delà, l'immense ville dont les toitures grises disparaissent ordinairement sous le feuillage, toujours enfermée dans sa triple enceinte quadrangulaire dont les tours et les bastions se profilent à l'horizon. D'un seul côté s'élèvent quelques collines auxquelles est adossé le Palais d'été; le reste est une plaine indéfinie dont les lointains brumeux font songer à la mer.

Le coup d'œil est grandiose, unique, et fait mieux comprendre l'histoire de la Chine dont le souverain vivait enfermé au fond de ces palais au seuil infranchissable. Au bout de quelques siècles, me disait le commandant V..., il finissait par s'accumuler autour d'une dynastie tant d'abus et de corruption qu'elle sombrait infailliblement sous le dégoût public, et c'est ce qui serait arrivé aux Mandchous, même sans la faute commise de s'inféoder aux Boxers et de prendre des enfants comme empereurs.

Les Mings, eux aussi, ont disparu; leur dernier monarque s'est pendu dans un de ces kiosques, lorsque les Mandchous qu'il avait appelés à son aide sont entrés dans la capitale et l'ont renversé.

D'après le commandant, le bouddhisme est en train de mourir; les femmes seules vont encore prier les génies, et les bonzes, faute de subsides, disparaissent. Quelle sera la religion officielle de la Chine? peut-être simplement le culte du ciel et de la terre, comme aux temps anciens, avec la morale de Confucius. C'était l'objet d'une pétition que le président semble avoir accueillie avec faveur et qui lui a été envoyée par toutes les provinces.

CHAPITRE XXI

Noël et le 1ᵉʳ janvier à Pékin.

26 décembre.

L'office de minuit a été célébré dans l'église Saint-Michel brillamment illuminée et remplie de fidèles chinois dont beaucoup se sont approchés de la sainte Table : c'était presque inquiétant de voir de tout petits enfants s'y faufiler, et l'on ne pouvait s'empêcher de se demander ce que nos mystères peuvent représenter à ces petits cerveaux jaunes ! Mais Jésus a dit : Laissez venir à moi ces petits...

25 décembre.

Le lendemain matin, 25 décembre, Pékin se réveillait sous un soleil éblouissant qui faisait scintiller les flaques de neige encore restées sur les toits et dans les cours à l'ombre, débris du manteau d'hermine immaculé qui, quelques jours auparavant, couvrait la cité impériale. Les murailles rouges de l'ancienne ville interdite, et surtout les tuiles orangées des pagodons qui dressent leurs doubles toits recourbés aux angles de cette enceinte, jetaient mille feux le long des douves gelées qui l'entourent. On rencontrait des caravanes de chameaux de Mongolie, des bandes de petits poneys au poil ébouriffé qu'on menait au marché.

Devant le Pétang, la cathédrale haute, blanche relevée de ses ruines depuis 1900, se dressent deux stèles qui portent inscrit l'acte de donation; des coussins brodés malheureureusement dans le goût moderne font avec elles un curieux contraste. L'église est comble. Un nombreux cortège de prêtres chinois portant le haut bonnet quadrangulaire, brodé d'or, aux longs pans, précède Mgr Jarlin, dont la belle tête blanche et la haute stature se drapent dans une longue robe violette et une pélerine d'hermine ; la silhouette émaciée de l'abbé de la Trappe formait avec la sienne un curieux contraste dans la stalle où son prie-Dieu vert reflétait sur sa figure une couleur quasi spectrale... mais quelles forces symbolisaient ces deux vivantes personnalités concourant au même but !

Mgr Jarlin, vicaire apostolique du Tchili, qui compte rien qu'à Pékin quatre grandes paroisses, avec 200.000 fidèles, qui se sont augmentés de 35.000 rien qu'en une année, avec son école normale dont nous avons vu les 200 élèves attendant à sa porte pour lui offrir leurs souhaits, et pour lesquels il devra bientôt bâtir un nouvel établissement, avec son séminaire peuplé de tant de jeunes prêtres, ses missions de lazaristes...

En un mot, la vie apostolique dans toute sa puissance et déployant son activité sur un champ immense où il semble que seuls les ouvriers manquent à la moisson.

La Trappe, retraite solitaire, à cinq jours de marche au-delà des âpres montagnes de Shang-Haï, où une poignée d'hommes séparés du monde se voue à la pénitence et au travail manuel. Déjà ils ont défriché de vastes espaces et créé de superbes troupeaux. L'exemple de ce que peut l'effort de l'homme dirigé par l'intelligence et préoccupé du progrès de la culture en Chine, réclame que de ce monastère sorte une colonie dans le sud pour enseigner la culture des vers à soie et de certaines plantes...

Chose curieuse ! à Pékin, notre fête de Noël semble acceptée par les Chinois ; aux Légations arrivent les présents du Président : des pièces de brocart, des paravents brodés ; des corbeilles de fleurs du Président du Conseil contenant ces petits pêchers nains tout étoilés de corolles blanches et roses qui mettent dans ce rude hiver un sourire printanier ; ceux du ministre, gerbes de fleurs, porcelaines, contenant les curieux gâteaux du pays.

Autour de l'arbre traditionnel, des fêtes — des tableaux vivants, des danses et des chants — vont réunir les petites jaunes et les petites blanches, et Noël deviendra peut-être la fête des enfants ici comme en Europe.

D'autre part, la saison mondaine bat son plein; le patinage dans les clubs réunit de nombreux adeptes et se fait aux lanternes vénitiennes. Au jour de réception des principales Légations, tandis que la maîtresse de maison circule et cause debout au milieu de la foule des visiteurs, que le thé et le chocolat coulent à flots, un salon est réservé pour les danseurs ou pour le bridge, et le tout Pékin se retrouve ainsi presque tous les jours de 5 à 7. Les femmes des ministres chinois qui ne parlent que leur langue se font aider par des interprètes, et parfois dans quelques salons on entrevoit aussi la haute et élégante silhouette d'une princesse mandchoue, la seule qui reste de l'ancienne cour dont la distinction et les traits affinés tranchent avec la physionomie des représentants du nouveau pouvoir.

Les dîners fort nombreux et fort élégants, servis par les boys chinois aux nattes et costumes bi-colores, au service adroit et silencieux, presque automatique, offrent des menus aussi raffinés qu'à Paris. Enfin, au programme, des bals costumés, des danses nationales russes, des menuets Louis XV; sauf le théâtre et les conférences, on se croirait à Paris. Dejà d'ailleurs notre jour de l'an a été adopté officiellement par le président, qui a donné audience à tous les ministres étrangers pour échanger des vœux, et le jour de l'an chinois ne sera plus fêté qu'en famille.

5 janvier.

Hier, de nouveau, la porte du Peita s'ouvrait pour nous au nom de Mr Lou Fou Sien. Nous passions auprès de la rotonde où Loti, suivant quelques versions, n'a passé qu'un jour, puis traversions le lac sur le pont Chi-tsun-yun et le portique qui précède le temple au pied du Peita. A mesure qu'on gravit les escaliers qui relient les différents pavillons et la rive au sommet, le lac se déploie sous les yeux avec ses îles et ses arbres, puis ce sont les toits du palais qui surgissent, pressés comme une ville dans son enceinte carrée de murs rouges. Après avoir monté les 100 et quelques marches qui mènent à la terrasse carrée sur laquelle se dresse la cloche thibétaine, on domine toute la ville dont les hautes portes se distinguent aux quatre points cardinaux et on se trouve presque aux toits de *lapis* du Maichan qui fait le pendant du Peita. A pic, tout autour du cône, descendent des galeries et des kiosques semés parmi les arbres et les rochers jusqu'aux rives du lac. Du monument lui-même, il n'y a guère à dire, car la forme en est lourde et disgracieuse, ainsi que l'indique son surnom : la bouteille de pippermint; bâti en briques par les lamas et figurant les 9 cercles du ciel, puis le soleil et la lune représentée par la boule dorée qui le surmonte, mais aux quatre coins sont sculptés de superbes dragons en marbre blanc formant gargouilles, et à l'un des angles du soubassement est posé un délicieux pavillon tout en céramique verte et jaune qui renferme derrière une grille la hideuse idole lamaïque à la tête de bœuf, au collier de têtes de morts.

Le soldat qui nous guide nous entraîne vers les marches d'un escalier taillé dans les rochers des grottes artificielles, qui par des paliers successifs nous fait descendre à la galerie circulaire au bord du lac; mais comme il reste encore de la neige et que les degrés sont fort inégaux, c'est un passage plutôt difficile dans la semi-obscurité.

Après être retournées payer au mur des 9 dragons notre tribut d'admiration, au lieu de revenir sur nos pas, nous suivons le bord du lac et, par des sentiers le long de l'enceinte, parvenons à un autre groupe de temples complètement abandonné, mais fort curieux qui, de loin, avait attiré mon attention. Le premier contient un immense Bouddha accompagné de ses acolytes; le deuxième, qui a trois étages, est tout entier tapissé de petites alvéoles de bronze vert qui contenaient autrefois des centaines de petits Bouddhas dorés; ils ont disparu dans le siège.

Enfin le troisième, le plus curieux, est entouré de balustrades en marbre et de quatre superbes portiques à trois arches entourées d'un bandeau sculpté et couronnées d'un triple fronton de tuiles vertes et jaunes encadrant une plaque de marbre blanc.

Le temple, qui est au centre, ne contient qu'un immense rocher montant jusqu'au faîte, divisé en une quantité de pointes vertes à travers lesquelles des zébrures blanches figurent des nuages; il représente le paradis de l'ouest et était peuplé autrefois de statues dont fort peu sont restées en place; c'est un spécimen que je n'avais encore rencontré dans aucun temple et qui mérite d'être vu avant qu'il s'écroule comme tant d'autres monuments. Une des raisons qui expliquent cette incurie, c'est le manque d'argent, et aussi la décadence du culte comme me le disait hier une dame chinoise fort intelligente et lettrée, Mme Wang, il n'y a plus de religion en Chine : la doctrine de Confucius n'est pas une religion, elle est athée et ne comprend que des préceptes moraux appropriés à toutes les situations.

Autrefois il y avait dans toutes les maisons *un Bouddha* pour la cuisine; cela aussi a disparu comme l'autel des ancêtres; la Jeune Chine va terriblement vite à démolir l'œuvre millénaire des siècles, en dix ans elle a tout rasé !

Mme Wang, dont le père est un riche marchand de soie habitant une vaste maison en province, a reçu une éducation peu ordinaire; elle a été, avec ses frères et sœurs, instruite par un professeur chinois qui venait toute la journée les faire travailler dans une salle d'é-

tudes, puis elle a été mise à Shang-Haï à l'école des
Mères auxiliatrices, enfin elle a suivi ses frères en
Angleterre. C'est ainsi qu'elle a connu son mari qui a
passé onze ans à Paris, où il a reçu un prix de l'École
des Sciences politiques, et ils sont restés cinq ans fiancés,
ce qui est tout à fait loin des usages anciens. Aujourd'hui,
paraît-il, on commence à permettre aux jeunes filles
de refuser un prétendant qui leur déplaît. La jeune
fille ne reçoit en dot que le trousseau et le mobilier
de sa future maison.

Le divorce, qui n'existait pas en Chine, vient d'être
institué et Mme W. trouve cela fort mauvais, car naguère,
si une femme déplaisait à son mari, il se contentait de
lui en adjoindre une autre, mais ne pouvait la renvoyer.
Elle trouve que les femmes vont aussi trop vite dans
leur désir d'indépendance et ne devraient pas se mêler
à la politique : elle craint l'effet de la vie de société
sur la fidélité conjugale tout en reconnaissant qu'il
est fort amusant de sortir.

CHAPITRE XXII

Le Temple du Ciel.

9 janvier.

Pour la seconde fois, je suis allée seule au Temple du Ciel qui était ouvert du 1er au 10, en même temps que le Temple de l'Agriculture qui lui fait face, l'un à droite, l'autre à gauche de la grande avenue dallée qui part de la porte Chienmen. Elle est d'abord bordée de boutiques dont quelques-unes à deux étages font resplendir au soleil leurs *fusées* dorées et sculptées, et les dragons qui s'avancent au devant de la façade, les encadrements des portes et des fenêtres à carreaux de papier sont rutilants de dorure; ces boutiques ont l'air de temples; si vous y entrez, ce sont de misérables échoppes non dallées, glaciales aux pieds, où un poêle qui empeste réchauffe une demi-douzaine de Chinois employés ou amis de la maison. Sur quelques planches ou dans des coffres sont empilées les soieries précieuses; les fourrures pendent du plafond, c'est rudimentaire, et ils ignorent absolument l'art de l'étalage. Même chez les marchands de curios, où les objets les plus intéressants ne sont nullement mis en valeur; les boutiques de cages d'oiseaux, de faïences, de quincaillerie où des plumeaux de coq sont en masse, des fruits (oranges, citrons, noix, raisins), se succèdent à tout touche, puis quelques théâtres en paillottes, et enfin des espaces déserts qui servent de passage aux véhicules de toute sorte désireux d'éviter les ornières et les trous de l'avenue. Le jour où j'y suis allée, une foule populaire se pressait en pousse, en petite charrette à âne, à cheval, en coupé, en omnibus chinois, sorte de haquet où s'entassent les voyageurs, et même en brouette? Beaucoup d'enfants en robe de fête, avec des capuchons de laine rouge sur la tête, tandis que presque tous les hommes ont arboré avec l'hiver la casquette de fourrure aux oreillettes pendantes qui leur font une si singulière tête de loup. Ils ont mis robe sur robe pour avoir moins froid, et les bourgeois ont une tunique de soie fourrée, mais les coolies montrent leur peau bronzée et n'ont sur la tête qu'un méchant chiffon. Quant aux femmes, elles sortent presque toujours tête nue, quelque froid qu'il fasse.

C'est une sorte de foire de Neuilly qui entoure l'Exposition qui a lieu en ce moment au temple de l'Agriculture, et l'allée qui y conduit est bordée de petits étalages de jouets mécaniques à deux sous, bonbons, bimbeloterie, fruits glacés qui ressemblent tout à fait à nos boutiques du boulevard au 1er janvier, tant le monde se ressemble d'un bout à l'autre !...

On pénètre dans l'enceinte, et il faut prendre un ticket pour parcourir les bâtiments où sont exposés de vénérables instruments de musique en bois peint jaune et rouge, formés de séries de triangles en jade historiés de dorure, ou de cloches dorées dont les timbres doivent former des gammes de sons.

Il y a aussi le fameux paravent sculpté qui entourait le trône à l'empereur, puis les instruments de labour dont il se servait pour tracer le premier sillon du champ sacré. Enfin des quantités d'objets en bronze et en porcelaine devant lesquels défile sans se bousculer la foule des Chinois maintenue par une corde : je me trouve être la seule étrangère, ce qui m'attire les quémandages de quelques mendiants. L'Exposition se termine par une exhibition de dessins et de peintures, tant anciens que modernes, en rouleaux et albums.

Je passe au long de l'esplanade sacrée sur laquelle l'Empereur offrait autrefois le sacrifice annuel à la Terre; un affreux kiosque en fer vitré pour la musique profane cet emplacement qui eut dû rester inviolé. —

Hier on recevait à la Légation le ministre San Pao Chi.
je n'ai pu m'empêcher de lui dire qu'on devrait faire là
un musée, et non pas un boui-boui : « Ah ! c'était bien
beau autrefois, a-t-il soupiré, quand avait lieu la cérémonie avec l'Empereur et toute la cour en grand costume ! » Et il pensait peut-être tout bas que c'était
grand dommage que tout cela eut disparu.

CHAPITRE XXIII

Le Théâtre chinois.

13 janvier 1914.

Hier avait lieu un second garden party dans le même palais que le premier. C'était une représentation du théâtre chinois à laquelle le président avait invité toute la société pékinoise, après un grand déjeuner réservé aux chefs de mission. L'aspect de la salle n'était pas moins curieux que celui de la scène : d'abord Yuan Shi Kaï, en uniforme gris à grandes bottes noires : sa première femme, en robe de satin toute brodée, et une douzaine de leurs enfants de tout âge, dont les plus jeunes portaient en guise de couvre-chefs, des polos de tricot vert. Plusieurs des concubines étaient dans la salle et la représentation s'est prolongée jusqu'à minuit en leur faveur. C'est vers 3 h. 1/2 seulement que les ministres et ministresses furent admis à les saluer dans un salon intérieur, puis ils vinrent s'asseoir sur deux fauteuils de cuir rouge réservé à leurs altesses, et tous les membres du corps diplomatique groupés autour d'eux, au fond de la pièce. On a observé que le matin, au lieu de se trouver dans la salle à manger à l'arrivée de ses hôtes, il n'avait paru qu'ensuite, comme le font les souverains.

L'après-midi, M. Alfred Tzi, jeune et élégant Chinois qui remplit les fonctions de maître des cérémonies, avait quelque peine à se faire entendre, et il y avait pas mal de flottement dans le protocole si nouveau pour eux qui remplace les kiotoid d'autrefois, mais il est juste de dire que lui et ses collègues du Wai-Chiao-Pou qui parlent anglais et français se multipliaient pour recevoir et caser les invités.

Aux premiers rangs était massé un groupe flamboyant de généraux qui semblaient bien mal à leur aise dans leurs uniformes bleu ciel, chamarrés d'or, constellés de crachats et de cordons de l'ordre du Tigre. Parmi eux se trouvait le vice-président de la République, général Ly-Huan-Houg, S. E. Lang Cheu Yi, l'amiral Tsai-Tsing Hang, tous les membres du cabinet et de la maison du président, plusieurs fonctionnaires mongols en tunique de soie brune. Beaucoup de dames chinoises, leurs épouses, avaient arboré tous leurs bijoux en perles fines piqués dans leurs queues de pie d'ébène et des costumes de grande cérémonie : paletot et jupe de satin clair brodés de fleurs. Deux ou trois seulement s'essaient à porter la toilette européenne, parmi lesquelles la princesse Po-Loun, qui n'a voulu quitter le costume mandchou que pour le costume européen. Une dame s'est mise en robe rose décolletée, une autre a revêtu un grand manteau d'hermine et un chapeau pareil.

Mon amie, Mme Ouang, près de laquelle je m'assieds, ne peut me donner que bien peu d'explications sur la pièce qui se joue, car d'une part le bruit infernal fait par les cymbales et les tambours couvre les voix, et de l'autre les acteurs vocifèrent dans une langue incomprise des Chinois eux-mêmes : ce sont des hommes déguisés en femmes, qui prennent des voix de fausset, mais il est impossible de reconnaître leur sexe, étant donné leur costume analogue, le casque qui leur couvre le visage et la coiffure de plumes et de bimbeloteries qui les fait ressembler à des peaux-rouges, une immense plume de paon se balance derrière eux à un mètre en arrière : une broderie aux couleurs éclatantes forme le fond de la scène sur laquelle on ne voit d'autre décor que des fauteuils et une table. Les costumes tout battant neuf sont éblouissants d'or et de couleurs vives.

La première pièce est finie lorsque nous arrivons; la scène est occupée par deux princesses guerrières portant le sabre qui se disputent, les armes à la main, et finissent par se battre en duel, l'une voulant mener les troupes dont elle réclame le commandement au secours de son beau-père assiégé, et l'autre Pan Lien Hva refusant d'y aller. Après un dialogue assez vif, elles font de terribles moulinets avec leurs armes en pivotant rapidement sur elles-mêmes, et l'une finit toujours par s'avouer vaincue en pleurant; mais les troupes figurées par quelques porteurs de bannières refusent de la suivre. Alors arrive la belle-mère qui s'interpose, réconcilie les deux combattantes et envoie des renforts aux assiégés.

Au début de la troisième pièce, on voit apparaître des généraux à longue barbe et en grand costume de guerre, c'est-à-dire portant quatre étendards plantés dans le dos et une sorte de lance à la main : ils sont revêtus d'un brocart d'or et roulent des yeux féroces dans leurs masques hideux. En arrivant, ils lèvent la jambe pour montrer qu'ils montent à cheval et simulent le geste de retenir leur monture; d'ailleurs toute la pièce consiste bien plus en mimique et en gestes symboliques qu'en action réelle, et à aucun moment on ne peut suivre le dialogue qui consiste en cris et sortes de chants : en voici un exemple : le programme nous explique que c'est une bataille entre deux généraux dans les montagnes, et que l'un d'eux projette du sommet douze chariots de fer pour écraser les ennemis, tandis que son adversaire les reçoit et les écarte à la pointe de son sabre, mais au dernier il tombe épuisé. Or, tout ce que nous voyons, c'est un de ces acteurs qui se tient la lance à la main, tandis que des clowns (figurant probablement les chariots), montent sur un haut tabouret qui représente la montagne et agitent des drapeaux que le champion écarte de sa lance, puis ils se précipitent en faisant la culbute.

Il en est de même des derniers tableaux qui figurent la grande bataille de Changsha, et où l'on ne voit qu'un défilé incessant de soldats portant des bannières et des queues de cheval qui repassent vingt fois devant le public, et une cohue extraordinaire de généraux à étendards dans le dos.

On m'avait dit que j'allais entendre le plus célèbre chanteur de Pékin, qui a 70 ans, et j'ai vu apparaître un acteur tout ridé, avec une immense barbe blanche, mais j'ai eu beau tendre l'oreille, il ne m'a pas été possible de distinguer sa voix au milieu du tumulte des instruments qui ne peut vraiment pas, pour une oreille européenne, prétendre au nom de musique.

Le seul intérêt que présente vraiment ce théâtre, c'est son extrême ancienneté, qui explique son archaïque simplicité. Il est curieux que ce soit la seule chose qui n'ait pas encore été changée en Chine par la révolution.

Toutefois, à Shang-Haï, ce sont des femmes qui font tous les rôles, et il paraît qu'elles se lancent à des chorégraphies tout à fait clownesques, mais assez gracieuses.

Ici il y a des acteurs et des actrices, mais jamais qu'un seul sexe dans le même théâtre.

CHAPITRE XXIV

Le Tombeau de la Princesse.

18 *janvier.*

Dimanche dernier, par un soleil magnifique, nous étions allés moitié en pousse, moitié en traîneau, au *Tombeau de la Princesse*. On longe le bord du canal gelé, au pied des grandes murailles dont les bastions rompent la ligne dentelée, et le long desquelles les caravanes de chameaux font si bien en photographie; on voit les marchands de glace en train de faire des trous, puis extraire les blocs qui sont ensuite chargés sur des charrettes; leur épaisseur est rassurante, bien qu'à la surface cela semble dégeler. Sous un pont, les conducteurs de traîneaux attendent les amateurs : ce sont de simples plates-formes en bois, carrées, qui peuvent contenir jusqu'à quatre personnes assises, jambes pendantes, mais il est plus agréable de s'y allonger sur un tapis. Le conducteur court devant, attelé par une ficelle, et s'asseoit souvent au bord pour laisser glisser le traîneau qui va assez vite, bien que la glace ne soit pas très unie. Il y a aussi des Chinois qui s'amusent à glisser debout sur une planchette en s'aidant d'une pique en fer.

En une demi-heure nous arrivons au tombeau. Il faut grimper sur la berge jusqu'au portique en marbre blanc qui décore l'entrée, puis on passe entre quelques animaux, au milieu des pins, mais le tombeau lui-même tombe en ruine.

L'endroit est pittoresque, au bord du canal, d'où l'on domine un peu la campagne et on y fait souvent des pique-niques.

CHAPITRE XXV

Le Temple du Mulet.

Tantôt, c'est au temple du Mulet que nous sommes
allées en pousse. C'est un temple taoïste qui renferme
de très belles stèles de marbres plantées sur d'énormes
tortues dont certaines relèvent la tête, contrairement
à l'usage. Tout autour de la cour d'entrée s'ouvrent
une vingtaine de chapelles qui représentent des juge-
ments et des supplices chinois, au moyen de statues
plus ou moins grotesques en carton pâte. Puis, au
centre, une grande statue de Bouddha couverte de
soie jaune et de nombreux personnages en bronze
l'entourent. Il y a aussi une très belle cloche.

Le plus curieux c'est la chapelle de Koua-nîn, déesse
de la fécondité, qui a devant elle une quantité de
babies tandis que des génies lui en apportent encore des
sacs, au travers desquels on voit passer leurs têtes.
Malheureusement, pour visiter, nous étions suivis par
les soldats qui ont l'air de brutes avec leur casquette à
longs poils fourrée sous leur képi, et avant d'entrer,
pendant que nous attendions, une tourbe de mendiants
s'était amassée.

L'avenue que nous avons suivie était couverte d'étalages en plein air des plus curieux : posés à terre, d'abord
des fruits et des légumes en petits tas, radis, patates,
choux, navets; puis de morceaux de savon, de vieux
souliers, des piles de gâteaux en forme de chapelle, des
images coloriées, des jouets, de la quincaillerie, des
vieux meubles, des restaurateurs ambulants, des
baguettes où les fruits confits sont enfilés, des chiffons,
des bouquets de fleurs en papier d'or, pour le jour de
l'an, des faïences grossières, etc...

CHAPITRE XXVI

Visite à Mme Su.

Ayant rencontré les trois sœurs à la Légation d'Allemagne, je m'étais fait présenter à celle qui est fiancée dans l'espoir d'assister à son mariage, et lui avait promis une visite, avec Mlle P... Vers trois heures, nous descendions de voiture dans la rue chinoise qui part de l'avenue Katamen, et remettions notre carte au portier. Comme dans toutes les maisons chinoises, on ne voit rien du dehors, et derrière la porte d'entrée on rencontre une sorte d'écran de pierre plus ou moins élégant destiné à arrêter les mauvais esprits, mais cet obstacle franchi, on pénètre tout de go dans le salon qui ouvre directement sur la cour avec un perron de quelques marches, et n'est éclairé que de ce côté par des treillages à petites vitres remplaçant le papier. En y entrant, je suis frappée par une odeur suave et pénétrante qui se dégage de tous les arbustes fleuris ornant cette pièce. Ils forment une sorte de haie derrière les fauteuils en bois placés de chaque côté du tapis central et il y en a encore beaucoup disposés sur des tables. C'est évidemment le grand luxe des intérieurs chinois, et c'est un charmant contraste avec la campagne si aride que ces buissons de pêchers mains roses, rouges, aux branches toutes fleuries, ces jasmins jaunes étoilés de corolles, ces daphnés et ces narcisses qui embaument. Il y a aussi des orangers dits mains de Bouddha à cause de leur forme curieuse, des grenadiers blancs et rouges qui fleurissent en cette saison par je ne sais quel moyen. Le fond de la pièce est occupé par une sorte de divan en bois noir garni de coussins, au-dessus duquel est pendue une grande bande de papier rouge sur laquelle se détache un seul énorme caractère noir, c'est le titre du père de ces dames dont la photographie est placée auprès. Les murs aussi sont tous décorés de rouleaux de papier doré couverts de caractères qui sont, paraît-il, de la main de Yuan-Shi-Kaï et qui témoignent, ainsi que des peintures de l'impératrice douairière, en quelle haute estime était tenu M. Su, fonctionnaire à la cour, et jouissant d'une belle fortune. Cela se voit à l'état de maison, car ces dames qui habitent avec leur mère possèdent trois chevaux et une voiture et un nombreux personnel.

A peine sommes-nous assises qu'on nous apporte des plateaux avec des fruits confits et des gâteaux et l'indispensable thé, puis, comme deux d'entre elles ne savent que le chinois, elles nous montrent des photographies prises par elles où je suis surprise de les voir à cheval, à califourchon, nu tête, avec leurs petits pieds. Une autre exhibe la toilette du mariage avec la haute coiffure mongole aux ailes déployées.

Mais c'est un sujet très délicat sur lequel il ne faut pas insister, de peur de froisser la pudeur de la fiancée qui rougit dès qu'on lui parle.

Il paraît que ces dames sont fort occupées, faisant partie des clubs féminins qui s'occupent d'œuvres de bienfaisance, apprenant l'anglais dont elles nous montrent des cahiers fort bien écrits, faisant surtout de nombreuses visites, de la photographie, etc..., et elles nous demandent de poser pour leur album. Toutes trois sont fort agréables avec leur bandeau de satin noir brodé de perles fines qui encadre bien leur figure ronde, et fort aimables. L'une est en jaquette et pantalon fourré, les autres en jupe, ce qui est plus habillé.

D'après ce que me disait le P. Clément, l'instruction des femmes dans les écoles chinoises n'a pas beaucoup progressé. On leur enseignait à lire autrefois avec les *Sen-Chou* (quatre livres de Confucius), on y a substitué les *Sin-Koven*, alphabets à images et petites leçons de choses qui sont bien plus pratiques, on ne leur enseigne pas de langues étrangères, le calcul, la couture, mais un peu d'hygiène.

Dans les écoles catholiques, on y joint les livres de religion, le catéchisme, le chemin de la croix, la prière...

Depuis trois mois une nouvelle école de filles a été ouverte à Pékin par les filles de la Charité pour Européennes et Chinoises; elle compte plus de 50 élèves. On y enseigne le français, l'anglais, l'allemand, le chinois, la musique, la couture, le dessin. Les classes sont de 8 h. 15 à 11 h. 15 et de 2 à 4.

CHAPITRE XXVII

La Femme chinoise.

31 *janvier.*

D'après Miss Pingsa Hu, de New-York, l'avenir de la femme chinoise est aussi plein de promesses que le passé est glorieux. Le but de l'éducation de la Chinoise d'hier était de la préparer au mariage et à la maternité : on lui enseignait à coudre, broder, cuisiner, tenir le ménage; elle avait beaucoup de bon sens, et sa mère, qui était son institutrice, lui apprenait à soigner les enfants. Elle étudiait (dans les familles honorables) les biographies des femmes célèbres, des maximes de conduite et quelques poésies. Elle n'apprenait pas à écrire des lettres, mais si elle pouvait composer quelques vers pour des cartes de nouvel an ou un anniversaire, elle était considérée comme une femme accomplie. Si elle savait peindre, sa réputation s'étendait dans toute la région. Ainsi l'ancienne instruction consistait à donner à la femme une base morale pour la vie de famille et le moyen de correspondre avec ses parents ou son mari. Tout succès littéraire ou artistique n'était qu'un agrément. Dans ses manières elle devait être douce, modeste, charmante, se remuer doucement, parler bas et peu, rire modérément. Une langue pointue était considérée comme un grand défaut. Le foyer était son univers, elle devait être soignée avec ses pieds bandés et ses boucles d'oreilles, mais échanger un regard avec un homme eût été de la mauvaise éducation. Elle ne pouvait sortir qu'au jour de l'an ou pour les mariages. Ses connaissances pratiques du ménage, sa grâce sociale, son esprit de dévouement la font respecter.

La Chinoise d'aujourd'hui est en réaction; elle veut

être indépendante, apprendre une profession, être professeur, secrétaire, employée, même avocate ou femme politique. Elle saisit toutes les occasions de s'affirmer. Gagner sa vie est son ambition. Ne la prenez pas pour une suffragette, elle a honte des qualités de ses aïeules; sauf ses prétentions, elle est restée femme et peut être bonne épouse et bonne mère.

Temporairement elle peut sembler (*stormy and incontrollable*), mais tôt ou tard elle pourra mettre en pratique ses principes de vie.

D'après le P. Clément, il y a en Chine plus d'hommes que de femmes, soit que cela arrive naturellement, soit qu'on n'en supprime plus (la voiture aux babies morts passait autrefois tous les jours dans la rue, les religieuses en trouvent beaucoup à leur porte), toutes se marient ou trouvent un secours dans la famille. Le mot pour dire vieille fille n'existe pas en chinois. Il n'y a que les veuves ou les femmes abandonnées qui sont obligées de travailler ou se livrent à la prostitution qui s'exerce avec plus de pudeur qu'au Japon, mais ne mène pas au mariage. D'ailleurs, chaque mari peut avoir plusieurs concubines.

La Chine ne connaît donc pas encore la misère de la travailleuse seule, sauf dans quelques filatures.

On lit dans la vie de l'impératrice douairière Tsen que son neveu, l'empereur Kouang-Su, attendait son arrivée à genoux sur le seuil, lorsqu'elle venait au palais : en effet, la mère ou la belle-mère du côté paternel, possédait jadis une terrible puissance en vertu de l'obéissance filiale prescrite par Confucius; la belle-fille ne devait ni s'asseoir en sa présence, ni prendre part au repas préparé par elle pour la mère de son mari, son époux et son fils. La vie commune était obligatoire, et la jeune femme n'était en somme que l'humble servante de la marâtre : il paraît que, même parmi les chrétiennes, il en est encore qui, ayant souffert dans leur temps, croient devoir se venger sur la nouvelle génération.

La vie des femmes de la bourgeoisie était alors presque aussi recluse dans les yamens chinois que dans les harems turcs, et les mêmes querelles intérieures, causées par la jalousie ou le choc des caractères, s'y produisaient fréquemment, puisque les riches Célestes tiennent à honneur d'entretenir, à côté de leur femme légitime, un certain nombre de concubines qui ont dans la famille une situation officielle, leurs enfants étant reconnus. Les femmes ne sortaient jamais pour aller dans les magasins et restaient à la maison, couchées sur leur kan à jouer aux cartes ou à bavarder avec des voisines : aucun soin de propreté, aucun ouvrage à l'aiguille ne distrayait leur oisiveté, car la saleté des intérieurs chinois était indescriptible et elles ne recevaient aucune instruction. Jamais un mari n'aurait consenti à se montrer en public avec sa femme et même dans les fêtes de mariage, les deux sexes restaient strictement séparés.

La pénétration des idées européennes a modifié ses mœurs au moins dans les grandes villes : l'exemple part de haut, puisqu'on a vu des princesses mandchoues assister à des bals européens, et que Mme Yuan Shi-Kaï a été admise à partager les honneurs quasi impériaux rendus à son mari au garden-party de la Présidence; Mme Sun Pao-Chi, femme du ministre des Affaires étrangères, préside avec son mari et sa fille les réceptions officielles. On voit aussi pas mal de dames chinoises aux courses de chevaux.

Plusieurs Chinois nous ont confié qu'ils aimeraient avoir des femmes aussi instruites et capables de gagner leur vie que les Européennes : les écoles ouvertes par les religieuses françaises à Pékin, à Shang-Haï, Hankréou et bien d'autres villes, n'ont pas peu contribué à faire apprécier l'éducation étrangère, et les meilleures familles envoient leurs filles dans ces pensionnats où on leur enseigne d'abord leur propre langue, puis l'anglais, le français qu'elles apprennent avec facilité, car elles ont beaucoup de mémoire et une grande application.

Dans les ouvroirs, les femmes du peuple qui n'avaient jamais tenu une aiguille, se sont mises à exécuter d'après de simples modèles, des points de Venise, des dentelles d'Irlande, des broderies et lingeries les plus compliquées et les plus fines, grâce à leur prodigieuse faculté d'imitation. Comme il leur est permis d'amener leurs babies avec elles, les heures passées à l'atelier ne nuisent pas à leurs devoirs maternels, et elles récoltent ainsi un peu d'argent qui leur permet de se tenir plus proprement : à Pékin, une ouvrière habile peut gagner jusqu'à 40 cents par jour, soit un franc, et comme elle ne dépense que 2,50 soit 7 fr, 50, par mois pour sa nourriture, elle arrive non seulement à gagner son riz, mais à mettre un peu de côté. Une hamma (bonne d'enfant) qui gagne 10 par mois, sans être nourrie, est parvenue à mettre à la caisse d'épargne près de 300 en trois ans, ce qui montre que les Chinoises deviennent travailleuses et économes quand elles sont bien élevées. En dehors même du point de vue religieux, les services rendus à ces milliers de pauvres femmes sont donc inappréciables, et les Chinois le sentent si bien qu'ils ne font plus aucune opposition à nos missionnaires. C'est du reste sur les bienfaits répandus par eux grâce aux écoles, orphelinats, hôpitaux, dispensaires fondés jusque dans les régions les plus reculées de l'immense Empire du Milieu, que repose, pour la plus grande partie, l'influence française, et nous ne saurions mieux travailler à la consolider qu'en procurant à nos missions des ressources et des sujets.

CHAPITRE XXVIII

Au cœur de la Chine.

LES GROTTES DE LONGMEN.

1er février.

Grâce à trois aimables explorateurs qui ont bien voulu m'emmener dans l'étape préliminaire de leur expédition à travers les régions peu connues : Sze-Tchouen, le Thibet et le Yunnan, je viens de pénétrer dans cette province du Honan que la civilisation ne fait encore que d'entamer et dont les exploits du *Loup blanc* écartent ordinairement les touristes. Le jour même de notre arrivée, il était signalé dans les parages de *Longmen*, but de notre excursion, dont les grottes ont servi de repaire à ses bandits : c'était donc bien une promenade au cœur de la vieille Chine que j'entreprenais, en plein hiver, et pour me la rendre possible, il avait fallu que l'ingénieur en chef de la ligne en construction mit gracieusement à ma disposition en guise d'auberge une véritable voiture roulotte, accrochée au train qui nous amenait de Tchen-Tchéou.

C'est à partir de cette station (à moitié chemin de Pékin à Hankéou) que nous entrions dans ce pays du *loess* (pays de boue pétrifiée), indescriptible tant ses aspects sont étranges et imprévus, d'ailleurs unique sur le globe et qui règne sur une étendue de 600 kilomètres carrés dans l'Empire chinois. Nous ne pouvions nous arracher de la plate-forme découverte du wagon, d'où nous surprenaient de fréquents tunnels qui nous offraient à chaque fois un coup d'œil nouveau : parfois, c'étaient les ruines d'un château fort, des pyramides, des pinacles, des stalactites, des pans de mur écroulé, tout ce qu'une architecture fantastique peut rêver de plus bizarre; tantôt les flancs dénudés des montagnes qui se creusent en précipices et dans ces fentes où l'œil plonge, des villages nichés sous des arbres qui doivent former d'impénétrables bosquets. Parfois je compte, depuis le bas jusqu'en haut de la montagne, treize terrasses successives qui la ceignent tout entière; tout ce relief inexplicable est effectué par la lente érosion des eaux dans cette terre friable où les habitants se taillent des maisons et des murailles, et quand par hasard s'y accrochent des buissons verts, c'est merveille combien cette tache végétale resplendit sur la terre jaune.

Kong-Sien est charmante à voir au bord de son lac; près de là, dans la montagne, s'ouvrent des grottes rivales de Longmen.

A peine débarqués à *Honanfu* par un soleil splendide, mes compagnons sautent à cheval et moi, dans une charrette chinoise, pour aller voir l'aspect de la ville dont la gare est à peu près à une demi-lieue; elle me parut assez longue avec les cahots de mon véhicule non suspendu qui soulevait des flots de poussière, et je fus heureuse de l'échanger contre une chaise fermée excellente. Notre premier soin fut de monter sur la muraille pour nous orienter : le grand village qu'est *Honanfu*, ne présentant que des toits gris et des arbres, ne nous retint pas longtemps. Au nord de la ville, nous attire le mont sacré, le Song-Chan. Du haut d'un mausolée impérial où une main virile m'aide à grimper, nous embrassons toute la vallée du Lo, qui donna son nom à la première capitale disparue, *Lo-Yang*, puis la seconde, *Honanfu*, et au-delà, la ligne de montagnes brusquement coupée par la brèche de Longmen, but de notre voyage; magnifique panorama d'une région illustrée par tant de souvenirs qu'à chaque pas on rencontre un monument funéraire, aussi l'ardeur de la chasse aux stèles entraîne à travers monts et vallées nos archéologues qui déchiffrent les vieilles inscriptions comme nous notre alphabet, et ma chaise a peine à les suivre par des sentiers de chèvre facilement éboulés. Nous parvenons à un petit temple rustique, admirablement posé au penchant d'un coteau, d'où la vue plonge à pic sur un fond où se blottit un charmant petit village : d'en haut, nous dominons les cases étroites et les jardinets, où bientôt toute la population est rassemblée pour nous voir. Alors nous nous élançons à l'assaut de la montagne d'en face que surmonte un portique, et c'est à travers mille obstacles que mes porteurs arrivent à me hisser jusque-là; de grandes falaises de *loess* enferment ce cirque et par leurs fissures, on aperçoit le ciel : le soleil couchant dore toute cette contrée, et nous rentrons par de charmants sentiers longeant puis traversant les ruisseaux du vallon, ravis de cette promenade de découverte au milieu d'un pays si original.

Je passe cette nuit et toutes les suivantes dans ma confortable roulotte sous la protection des soldats chinois qui gardent la gare, et surtout de l'ingénieur constructeur de la ligne de *Long-Hong* qui, avec sa charmante femme, habite non loin d'ici une maison européenne. D'un côté de mon wagon, j'embrasse toute la ligne des collines de loess taillées en terrasses déchiquetées, percées de grottes, et semées de tombeaux qui domine la plaine où s'élevait l'antique *Lo-Yang;* le tumulus de l'empereur y bosselle l'horizon de sa masse ronde. De l'autre côté, se dessine sur le ciel clair la sombre muraille crénelée de *Honan-fou,* avec ses bastions autour desquels pendaient, il y a quelques jours, 40 têtes fraîchement coupées de brigands ou de rebelles qui sont restées exposées pendant trois semaines pour terroriser la population... On se sent plongé dans les abîmes des siècles, et ce n'est pas seulement une excursion dans un pays curieux, mais dans les profondeurs du passé qui, par miracle, est resté intact.

C'est dans un équipage semblable à celui des impératrices d'il y a trois mille ans, que je m'acheminais le lendemain matin dans une chaise fermée, balancée au pas cadencé de mes six porteurs, précédée et suivie de quatre soldats chinois fusil à l'épaule, d'une escorte de cavaliers bien armés et de charrettes portant nos bagages.

La route, inchangée depuis la dynastie des Wei, traverse d'abord leur ancienne capitale dont les ruelles cahoteuses et défoncées se transforment par les temps de pluie ou de neige fondue en fondrières où les porteurs plongent jusqu'aux genoux; tout sent le délabrement et la misère dans cette capitale abandonnée; les rues étroites ne sont bordées que de pauvres échoppes et les étalages remplissent les trottoirs : fritures, légumes, étoffes populaires, quartiers de viande qui se découpent en plein air. Partout, sur notre passage, aux cris d'avertissement poussés par nos porteurs, les portes se garnissent de têtes effarées ou curieuses qui nous dévisagent comme s'ils voyaient bien rarement des Européennes.

Cependant la sortie des remparts, puis des faubourgs coupés de ruisseaux et plantés d'arbres, ne manque pas de couleur locale, non plus que le passage du Lô, large comme la Seine, sur une passerelle de branchages et de roseaux recouverte de terre qui a bien juste la largeur d'une charrette, et nous suivons la piste à peine tracée dans la plaine sablonneuse qui se dirige vers la brèche ouverte devant nous à l'horizon, à *la porte du dragon*.

Sur cette route, un incessant défilé semble symboliser les torrents des générations qui se succèdent : femmes de la campagne coiffées de leur bonnet bleu, soutenant à l'aide d'un bâton leurs pieds mutilés et chancelants que leurs pantalons bouffants, garnis d'ouate, font paraître encore plus minuscules, coolies porteurs de corbeilles de volailles ou de légumes balancées aux deux bouts du bambou flexible, paysans traînant la

brouette antique *gréée d'une voile!*... chars, omnibus où
sont empilés les voyageurs, attelages mélangés de chevaux, d'ânes et mulets traînant d'invraisemblables
chargements : cavaliers, mendiants accroupis qui nous
tendent leur sébile en poussant des plaintes. Nos soldats nous font faire place et semblent très fiers de leur
rôle. En traversant les villages murés qui se présentent
sur la route, je remarque des femmes écrasant leur
grain en tournant une meule à main sur une table de
pierre, comme dans la Bible, presque toutes ont des
babies dans les bras : le culte de Koua-nîn, la déesse de
la fécondité, est encore des plus fervents en Chine, et la
race est très prolifique; c'est la grande richesse de ce
pays.

Après deux heures de marche, nous approchons d'un
bouquet de verdure entouré d'une muraille rose qui se
voit de loin : c'est le tombeau du fameux général
Houauld, déifié pour sa valeur militaire et sa fidélité au
fondateur des Han (219 après J.-C.). Il faut d'abord
parlementer avec les 200 soldats qui occupent le temple
et dont l'aspect est rendu plus sauvage par la casquette
de fourrure à oreillettes qui passe sous leur képi et leur
fait des têtes de loup. Ils nous suivent en troupe à
mesure que nous pénétrons dans la cour du temple,
dont l'avenue centrale est ornée d'une double balustrade en marbre dont chaque pilier est surmonté d'un
petit lion, puis dans le premier bâtiment du fond où le
héros est représenté sous son aspect pacifique : statue
assise colossale peinte de couleurs vives et sans doute
restaurée. Dans un second temple, il est debout sous une
forme guerrière, puis vient un joli pavillon octogonal qui
abrite sa stèle, et enfin le tumulus, au milieu d'un bois
de pins. Puisse son ombre inspirer aux guerriers chinois
modernes la bravoure et la discipline qui semble leur
manquer! et qui font redouter presque autant leur
présence aux grottes que celle des brigands..., le moment
devient palpitant, car nous arrivons au petit village de
Long-men-Kie, bâti au pied de la chaîne où la rivière Yi

se frayant un passage, a creusé ou approfondi le défilé stratégique de Y-Kine, appelé plus souvent Long-men, *la porte du Dragon*. Un concert de cris et de lamentations s'élève à notre approche... mais ce sont seulement des mendiants hideux postés sur le sentier dallé qui serpente entre la rivière et la muraille rocheuse; il nous amène à la première grotte où nous nous précipitons, avides de contempler les fameuses statues découvertes par M. Chavannes.

Le Bouddha colossal qui nous apparaît adossé à la paroi du fond dont il a été extrait, est accompagné de chaque côté de trois disciples, également taillés dans le roc et qui ont gardé leur teinte naturelle : l'une d'elles, à, droite vue de profil, nous présente une belle silhouette, et je préfère l'ensemble de ces statues à celles des grottes *Pinyang* plus célèbres pourtant, qui viennent ensuite et se trouvent comprises dans l'enceinte du temple *Tsienki*, encore aujourd'hui desservi par des bonzes. Accolé à la montagne, ce pittoresque monastère domine à pic la rivière dans laquelle se jette à cet endroit une source d'eau chaude. L'entrée de la grotte centrale est décorée d'un portique de briques rouges, de chaque côté duquel des inscriptions primitives sont gravées dans le roc, et deux gardiens de l'époque des T'ang, bombent leur torse; au dessus de l'excavation, la muraille rocheuse est percée de nombreuses niches dont l'une contient trois formes nues qui me font penser aux trois grâces; au fond, sur un piédestal, que décorent deux lions rampants d'un style remarquable, trône un Bouddha encore plus colossal, mais moins artistique, l'air étonné et béat : derrière lui monte une immense auréole de flammes peintes, et la voûte est sculptée de personnages en demi-relief qui volent parmi les nuages.

A gauche et à droite, cinq statues coloriées de moines et de Bouddhisattva vont en progressant de grandeur à partir du fond, mais elles sont bien plus banales que les bas-reliefs qui décorent les retours des parois : à droite, c'est une procession d'homme coiffés de hauts bonnets carrés et vêtus d'amples robes, qui accompagnent un haut personnage abrité sous un dais avec de larges écrans de plumes; au-dessus une femme représentée d'abord agenouillée, puis planant nue dans les airs, semble représenter une âme délivrée des métempsycoses, s'élevant vers une triple montagne qui figure le ciel; à gauche, c'est une théorie de femmes voilées, au corsage ajusté et garni de franges, aux robes traînantes portant des fleurs et des offrandes, tandis qu'au dessus d'autres femmes sont agenouillées. Ces frises remontent à l'an 642 de notre ère et représentent, paraît-il, les donateurs et les donatrices de la chapelle, tout comme au moyen âge les peintres mettaient leurs portraits au bas des verrières ou des tableaux, et pour achever la ressemblance, des troupes de pèlerins viennent chanter et brûler de l'encens devant le Bouddha.

Le style mélangé d'influences chinoises et bouddhiques est caractéristique de l'époque où les Wei du Nord, qui avaient déjà creusé les célèbres grottes de Tatoufou, descendirent vers le Sud et créèrent cette seconde série d'ex-votos gigantesques à laquelle chaque génération ajouta son tribut, ce qui fait que la montagne ressemble à une ruche percée de mille alvéoles et qu'on y trouve des sculptures de toutes les époques.

A mi-hauteur, sur une esplanade rocheuse naturelle, se dresse le groupe le plus colossal : le grand Bouddha qui mesure 85 pieds de haut ainsi que ses cinq compagnons. Placé entre ciel et terre, ce groupe grandiose domine tout le défilé faisant face à l'autre montagne percée aussi de grottes. Puis, parmi les nombreuses excavations auxquelles il faut grimper par des escaliers taillés dans le roc, nous remarquons la grotte dite les Lions, celle de *Laokiui Cong*, qui contient des statues aux fines tailles hindoues, aux jambes croisées, dont le style révèle la bonne époque, celle d'avant les Tang. Malheureusement, presque toutes ont la tête enlevée, car les iconoclastes sévissent à Longmen et fournissent les antiquaires de Honan-fou (chez lesquels nous avons trouvé des plaques entières de bas-reliefs), ceux de Pékin et même de Paris !...

Dans une grotte, de l'autre côté de la rivière, se trouve une procession en bas-relief rappelant les Panathénées. Cette influence grecque s'explique par la pénétration de l'art dit du Gandhârâ, c'est-à-dire celui des artistes grecs de la décadence qui, après avoir peuplé l'Inde du Nord de statues, s'est transmis à travers l'Asie centrale jusqu'à Tourfou où les Wei du Nord purent le con naître.

Après avoir fait un inventaire rapide de toutes ces richesses inappréciables pour les archéologues qui ont encore à écrire l'histoire de l'art en Chine, nous revenons vers le Temple où, dans le réfectoire des bonzes, un lunch me réunit avec mes aimables compagnons qui ont bien voulu m'initier à leurs intéressantes recherches. Malheureusement, je ne puis comme eux prolonger mon séjour à Longmen en passant la nuit dans cette pièce dont les carreaux de papier déchiré laissent pénétrer un froid mortel, mais je comprends mieux que jamais cette noble passion qui fait braver tous les périls et toutes les fatigues pour la pure volupté d'une trouvaille archéologique ou géographique, et je regrette vivement de ne pouvoir les suivre plus loin.

A la nuit, je reprends donc avec mon escorte le chemin de Honan-fou qui semble une ville fantastique à la faible lueur des lanternes placées de distance en distance ou flottant comme des feux follets dans la main des rares piétons : il faut frapper fort pour que les portes s'ouvrent, car dans ce pays de brigands, elles sont toutes fermées dès qu'il fait nuit. Ne raconte-t-on pas que le Loup blanc avait forcé un grand nombre de coolies à se joindre à lui pour essuyer le feu des troupes envoyées contre lui, et même s'était fait un rempart vivant de centaines de jeunes filles attachées à des chevaux avec des bidons de graisse enflammée qu'ils poussèrent en avant pour créer une panique. Les malheureuses victimes furent ainsi tuées ou brûlées vivantes.

LES SÉPULTURES DES SONG.

Le lendemain, l'ingénieur de la ligne en construction et sa charmante femme veulent bien m'accompagner avec un interprète : nous prenons place sur un trolley découvert manœuvré par quatre coolies qui se baissent et se relèvent en cadence avec une régularité mécanique, et qui glisse sur les rails presque aussi vite qu'un train omnibus. Il nous mène d'abord en une heure au *Pomassen*, le premier temple bouddhique construit en Chine, l'an 71 avant J.-C. Selon la légende, ce furent des *cramana* ou moines hindous qui apportèrent à Loyang, sur un cheval blanc, les livres sacrés et y fondèrent un monastère où leurs corps se conservèrent sans se décomposer; il devint plus tard un sanctuaire vénéré, auprès duquel se dresse un stupâ qui rappelle ces faits. C'est près d'un village, dont les arbres seuls dépassent l'enceinte à trois portes cintrées, que s'élèvent les toits à double étage du temple, précédé de deux bâtiments et entouré d'une muraille rouge percée d'un portique à triple *baie*. Malheureusement, le temple souvent réparé depuis cette époque lointaine n'a pas gardé sa statue historique; elle vient d'être vendue...

Nous remontons, un peu désappointés, sur le trolley pour suivre la ligne parallèle au cours limpide du Lo qui se couvre de barques à voile et fertilise ses bords plantés d'arbres fruitiers qui vont se couvrir dans deux mois d'une neige de fleurs. Cette région produit trois récoltes par an : le blé, le sorgho, le coton; ses petites cités antiques sont protégées par de hautes murailles crénelées et entourées de grands arbres; de l'autre côté, les villages sont creusés dans le loess très chaud en hiver, très frais en été, et partout les tumulus et les animaux funéraires signalent les nombreuses sépultures anciennes.

Après un pont hardiment jeté sur la rivière dont nous

voyons briller la nappe sous nos pieds, la voie s'engage entre deux murailles perpendiculaires de 30 mètres de haut qui semblent coupées dans un gâteau ou dans une motte de beurre tant elles sont droites : c'est le seul moyen, me dit l'ingénieur, d'éviter les éboulements. Nous descendons à l'entrée d'un chemin creux qui, lui aussi, est taillé dans la terre et forme un tunnel à ciel ouvert : ses parois sont durcies comme du grès, et les charrettes qui passent dans ce couloir étroit n'entament pas les bords; montant peu à peu il nous conduit au sommet d'un plateau d'où la vue est immense et superbe.

Sur cette hauteur, d'énormes tumulus ayant la forme des pyramides insèrent leur triangle sur le ciel et sont entourées d'une multitude de monticules plus petits. A chaque pas on rencontre des animaux de pierre que, de loin, on confond presque avec les chevaux vivants labourant cette plaine. Car depuis la république, le domaine jusque-là inviolé des empereurs Song, a été livré à la charrue qui, bientôt, nivellera tous ces pompeux mausolées préservés depuis mille ans par le religieux respect des peuples.

En approchant, nous découvrons des avenues triomphales dont les monolithes, plus rapprochés et plus colossaux que ceux des Mings, forment une masse imposante : ce sont d'abord des lions à moitié enterrés dans le sable, symboles du passé qui va s'enlisant dans la mémoire des hommes, puis des statues d'eunuques ou de gardiens en longues robes avec des bonnets carrés et des boucles à leurs longues oreilles; d'une simplicité archaïque, mais d'une grandeur sévère de lignes, ces personnages élancés, qui ont le double de la grandeur d'un homme, se succèdent tous les dix mètres. Quand on pense qu'ils montent ainsi la garde depuis le temps de Charlemagne autour du tombeau de leur empereur, on est saisi de cette conception simple et grandiose qui en fait des monuments presque impérissables, les seuls qui ne fussent pas détruits en Chine à chaque changement de dynastie. Après les 26 statues d'hommes alignées sur deux rangs, viennent celles des animaux dont le style est encore supérieur et qui fut peut-être inspiré aux premiers sculpteurs chinois par les Chaldéens ou les Perses; ces béliers, ces lions, ces chevaux, ces rhinocéros hauts de deux mètres et longs de trois, accompagnés de leurs mafous, sont traités avec une ampleur et une force saisissantes. Enfin viennent de hautes stèles sur lesquelles des phénix en bas-relief, d'une superbe envergure, planent au milieu des nuages, saisissant dans leurs serres un animal rampant. Des éléphants gigantesques et de hauts piliers terminent l'avenue qui a environ 150 mètres de long. Tout autour s'élèvent d'autres tombeaux d'impératrices ou de grands dignitaires qui ont voulu dormir non loin de leur souverain, et dans la montagne voisine, on compte encore sept sépultures impériales parmi lesquelles celle du fondateur de la dynastie des Song, dont la capitale était à Kaïfong, et que la ligne du Long-Hay, la plus longue de la Chine, va bientôt relier à Langshou d'un côté, et à la mer de l'autre; rattachée à celle du Younnan elle servira les intérêts français.

C'est à *Mienssche*, terminus actuel de la ligne, qu'un train de service me permettait, le lendemain soir, de conduire mes compagnons *en private*, car jusqu'à leur première vraie étape, hors des pays civilisés où les attendait leur caravane, et ce fut un moment émouvant que celui où je serrai la main de ces hardis et dévoués Français qui vont reconnaître le cours du Yang-tse et du Fleuve Rouge jusqu'à Hanoï, à travers des déserts inconnus, et doter la carte de Chine et l'histoire de l'art de nouveaux documents inestimables...

Le lendemain matin, je repartais seule pour Pékin et revoyais le pays sous un voile de neige, à travers lequel perce la jeune verdure des blés : les stèles ressortent noires sur la terre blanche, les créneaux des villages jaunes et bruns, les bords festonnés des toits, les piliers disséminés dans la campagne sont ourlés d'hermine, les tumulus sont poudrés à frimas, les arbres dont la fine dentelle brune est constellée de givre semblent avoir. fait prématurément leur éclosion printanière; les terrasses brunes du loess coupées de stries blanches, semblent les gradins d'un gigantesque escalier de marbre; parfois, l'enceinte rose d'un temple, avec son bouquet d'arbres verts, tranche sur l'uniforme nappe blanche. La neige souligne et accentue les brusques coupures, les blocs crénelés, le relief indescriptible de ce pays étrange, tout déchiqueté et tailladé qui semble une forteresse continue avec ses crêtes dentelées, ses chemins de ronde profondément encaissés, ses murailles à pic, ses fossés. béants, ses souterrains creusés dans le sol, et sur tout cela des maisons et des arbres posés au hasard dans le plus pittoresque désordre...

Mais qu'arrive-t-il?... Voici que le train s'arrête brusquement en pleine campagne : sont-ce donc enfin les fameux brigands qui récemment ont attaqué le train du Kuian et tué quelques employés. Mon boy arrive affolé : « Madame, les brigands !... — « Eh bien ! quoi? — Ils ont enlevé des rails, le train ne peut plus avancer ! » En effet, on est en train de dresser le téléphone de campagne pour demander du secours à Honan-fou. Combien de temps allons-nous rester là?... Entrevoyant la possibilité de manquer le déjeuner chez l'ingénieur en chef, qui m'attend à Tchentekeou, je fais acheter des provisions aux paysans qui nous regardent du haut de leurs créneaux.

Il paraît que les voleurs considèrent la ligne comme une mine de fer, bonne pour alimenter sans frais les forgerons du pays, mais leurs méfaits sont vite réparés, et à l'heure dite je monte dans l'express Hankéou-Pékin où un compartiment m'est réservé. Comme confort et propreté cela vaut à peu près les secondes de chez nous, mais du moins je suis à l'abri des Chinois et des soldats. Je puis enfin, avant la nuit, contempler le Houang-ho que nous traversons sur un pont de trois kilomètres qui enjambe surtout des plages de sable;

tantôt abandonnées, tantôt recouvertes par le cours capricieux du fleuve qui charrie de telles quantités de limon, qu'il comble lui-même son lit et déborde alors de l'autre côté; ce n'est pas de l'eau mais de la boue, une nappe immense de café au lait. Sur la rive où passe le courant est amarrée une flottille de jonques qui seules peuvent y naviguer...

Demain je serai reprise par la vie mondaine de Pékin, mais cette excursion au cœur de la Chine me laissera des impressions inoubliables.

CHAPITRE XXIX

Waucheou-sae.

Le dimanche 1er mars, il faisait un temps idéal; nous partions en pousse pour aller voir la Pagode de Waucheou-see qu'il nous avait été impossible d'atteindre en voiture à cause de la pluie qui avait abîmé les chemins. Nos pousses, au contraire, ne se laissaient arrêter par aucun obstacle, ils ne couraient pas, ils volaient, bientôt, après avoir traversé toute la ville, ils rattrapaient les cavaliers sur la route du canal et nous emmenaient à travers champs, par dessus les fossés, les ornières, les flaques d'eau. Je n'ai jamais vu pareille agilité, et c'était vraiment amusant de se sentir ainsi enlevé par ces hommes qui ne semblaient éprouver aucune fatigue. La route est d'ailleurs très jolie à partir de la porte Sitche men qui s'élève comme une forteresse; l'eau du canal libérée de ses glaces riait au soleil, et sur les arbres encore dénudés on voyait flotter comme un léger brouillard vert à travers lequel on distinguait les pagodes et les stupas en forme de cloche qui abondent sur les bords. En une heure 1/4 nous étions arrivés à la pagode des 1.000 Bouddhas, but de notre visite, à laquelle l'impératrice faisait halte lorsqu'elle se rendait en bateau au palais d'été. Elle est bâtie sur la berge même et entourée d'arbres verts, très bien entretenue, ce qui est rare, et dans le bâtiment du fond sont rangés sur des planches régnant depuis le bas jusqu'en haut les mille petites statues dorées du Bouddha qui lui ont donné son nom et dont il ne manque qu'une seule qui a été donnée à l'impératrice. C'est la première fois que je vois un intérieur de temple ainsi respecté.

Dans la cour, il y a un jardin de rocailles où nous nous asseyons pour manger quelques sandwichs avant de repartir; le gardien courbé par l'âge veut nous faire des kotow, sa petite fille ne veut pas accepter les cents qu'on lui offre pour se laisser photographier, malgré les objurgations de sa mère.

En revenant, nous entrons dans l'enceinte d'un autre temple délabré dont les toits s'effondrent, mais où l'on pourrait faire un pique-nique à l'ombre des vieux arbres. Ce côté me paraît le plus joli des environs immédiats de Pékin; je regrette de ne plus monter à cheval, ce qui est la seule vraie manière de parcourir ce pays sans routes !

CHAPITRE XXX

Mariage chinois.

16 mars.

Il paraît qu'hier, *à la conférence* faite par le Dr A...
sur l'hygiène et traduite en français par Mme Dan
Paotchao (femme du colonel de ce nom qui est fille de
l'ancien ministre de Chine en France et a été élevée
au Sacré-Cœur), les dames chinoises avaient amené
leurs enfants et causaient entre elles au lieu d'écouter
Mmes P. et de S. qui avaient bien voulu chanter.
Une d'elles a dit à Mme Dan : « Ah ! c'était bien fati-
gant ! » Cependant la réunion était présidée par
Mme Sun Pao-Chi et organisée par une Polonaise mariée
à un Chinois; Mme R..., qui veut essayer d'initier ses
compatriotes à des occupations plus intelligentes que
celles auxquelles elles se livrent d'ordinaire; il paraît
que (contrairement à ce qu'on suppose souvent) elles
passent leur vie à jouer aux cartes et faire des visites en
buvant du thé, si bien que les maisons sont sales et mal
tenues. Elles ne soignent pas leurs enfants et perdent
leur temps à se disputer entre elles ou avec leurs domes-
tiques; pour les maris, la maison est un enfer dont ils
s'échappent souvent, mais ils n'ont que ce qu'ils méri-
tent, car c'est par défaut d'éducation que les Chinois
sont ainsi et aussi à cause de l'entretien des concubines
au foyer. La façon dont se bâclent les mariages y est
aussi pour beaucoup, car les jeunes gens ne se con-
naissent pas ! ne peuvent savoir s'ils sympathisent !

Avant-hier avait lieu précisément le mariage d'un
jeune officier revenant de France où il avait fait ses
études à Saumur : son oncle lui avait choisi une fiancée
sans la lui montrer, et elle l'avait seulement aperçu

d'une fenêtre; aussi semblaient-ils absolument indifférents l'un à l'autre, m'a raconté Mme B..., qui était une des dames d'honneur. La jeune fille, qui porte des lunettes bleues montées en or, ce qui signifie qu'elle est une étudiante distinguée, était vêtue à la mode chinoise, en satin noir, avec des fleurs roses dans les cheveux; elle était assise dans une chambre noire entre deux grosses bougies rouges. La cérémonie a consisté en ce qu'un fonctionnaire leur a lu un petit discours et qu'ils ont échangé des alliances en or, mode nouvelle, puis elle est restée toute seule, tandis que son époux faisait les honneurs du lunch aux invitées, et quand une de celles-ci a fait observer qu'elle devait bien s'ennuyer et aussi avoir faim, il a dit que cela lui était égal ! Après trois heures d'attente, tous les jeûnes gens sont rentrés dans la chambre, et lui ont débité des grossièretés, qu'elle écoutait tête baissée, derrière ses lunettes. Il paraît que c'est pour que son mari lui semble plus agréable par comparaison. Celui-ci doit d'ailleurs avoir l'air de la prendre de force et lui attacher une corde à la taille pour l'entraîner dans la chambre nuptiale. Quel singulier mélange de rites anciens et modernes ! Mais l'avenir promet encore pis ! il paraît que le jeune mari à répondu a son oncle qui voulait lui choisir aussi sa première concubine : « Ah ! merci celle-là je veux la choisir moi-même ! » Singulière manière d'accorder le devoir avec le plaisir.

Ceci me faisait dire à Mme Dan (que je ne savais pas alors être une femme divorcée), que la première réforme pour les femmes devrait consister à changer la coutume des mariages faits trop jeunes et sans consulter les intéressés.

Il paraît que déjà les mères de famille, qui ont souffert du manque de liberté, veulent en donner à leurs filles et dépassent la mesure : ainsi elles les laissent sortir seules le soir, mais les jeunes gens qu'elles peuvent rencontrer, et elles-mêmes sont déjà fiancés, et puis ils ne les épouseraient pas après les avoir connues ainsi.

Il faut donc chercher autre chose. Mme Hoa, Polonaise, mariée à un Chinois, a fait une pièce en chinois où elle oppose les anciennes mœurs aux nouvelles et qui va être jouée à Pékin dans deux mois. Mme Dan m'a promis de me l'envoyer, mais il paraît qu'à cause de ses aventures matrimoniales et de celles de sa famille, elle ne jouit pas à Pékin du prestige qu'il faudrait pour mener une campagne. Sa mère était dame au palais quand l'Impératrice douairière a fait faire son portrait et a été mêlée à une histoire de squeeze formidable qui l'a fait chasser. Sa sœur a écrit un livre fort connu (1) sur l'intérieur du palais, qui l'empêche de pouvoir remettre les pieds ici. Son frère, étant secrétaire d'ambassade à Paris, avait épousé la maîtresse de piano de sa sœur, qu'il a ramené ensuite chez sa mère où elle a été si malheureuse, laissée dans le dénûment le plus complet et tyrannisée par sa belle-mère, qu'elle a été bien heureuse de s'enfuir avec son baby pour retourner chez ses parents.

---

(1) 2 years in forbidden city.

CHAPITRE XXXI

Excursion à Pi-ung-su.

18 mars.

Nous avons bu aujourd'hui l'air et le soleil depuis 8 heures du matin jusqu'à 7 heures du soir et vu des choses vraiment artistiques et de beaux paysages. Voilà comment je comprends la Chine !

Tous nos compagnons sont partis à cheval, formant une troupe de quatorze cavaliers, sur des poneys variés de taille et de couleur. Les dames, en landau, escortées du jeune de N. en pousse. La lumière matinale dorait les montagnes de l'ouest vers lesquelles nous nous dirigions. Arrivés au Palais d'été en une heure et demie, nous avons quitté la voiture pour monter dans des pousses caoutchoutés, à deux coureurs, qui n'ont pas mis plus de temps à nous faire franchir les chemins d'abord dallés, puis très rocailleux, qui conduisent à Pi-ung-su en contournant la colline où s'élève le Palais d'été dont nous longeons le mur d'enceinte. Nous revoyons les ruines du palais brûlé qui ont conservé d'énormes pans de murailles thibétaines et de jolis pagodons de faïence ; c'est par là que nous étions revenus à ma visite avec M. B..., en suivant une allée de ronde qui est bien entretenue ; elle est bordée de bassins rappelant ceux de Versailles, de massifs d'arbres et de pivoines et doit être ravissante dans la saison où elles fleurissent.

Nous prenons ensuite la même direction pour aller à la fontaine de jade, dont nous voyons les deux tours grisâtres s'élancer dans le ciel, et plus bas les portiques ; mais avant d'y arriver, on tourne à droite, prenant un sentier à travers un terrain très accidenté, à peine tracé, où néanmoins les pousses, avec leur extraordinaire habileté, trouvent moyen de ne pas trop nous cahoter, si bien qu'on ne met que deux fois pied à terre pour les soulager. On dépasse Wofossen, niché sur la droite, dans un repli de la montagne, et on arrive enfin au village qui précède le temple : là le sentier devient une rampe rocheuse qu'il faut gravir à pied, environ vingt minutes, et nous arrivons à la porte où est inscrit le nom du temple, en même temps que les cavaliers. Deux lions de pierre gardent l'entrée du pont qui franchit un torrent à sec, puis on monte quelques marches et on franchit un second point, au-dessous duquel est une bergerie. Une première terrasse est occupée par les statues rébarbatives et gigantesques des généraux Tseng et Ho, protecteurs du bouddhisme; une seconde supporte les tours de la cloche et du tambour, et l'eau claire de la source y sort de la gueule d'un dragon; on traverse ensuite la salle des quatre rois du ciel, où trône un superbe Bouddha Maitreya à la panse ventrue.

Au fond de la cour, nouveau Bouddha accompagné de deux disciples et de l'autre côté de la paroi Kouanyin avec de nombreux personnages, tout autour des *montagnes* en bois peint représentant le paradis bouddhique avec les 18 Lo-Kan.

Ce décor curieux se répète aux terrasses suivantes, mais avec tous les supplices de l'enfer : on y voit les humains représentés par de petites statues de cinquante centimètres pendus, écorchés vifs, etc..., et on retrouve la conception moyen âgeuse des primitifs traduite en peinture au Campo-Santo. Deux superbes colonnes en pierre hexagonales avec encadrement de dragons mettent une note plus artistique. Malheureusement tout cela est à moitié écroulé ! Kouanyn, aux seize bras, au fond de la troisième cour, préside aux joies des élus. La quatrième terrasse est occupée par le logement du supérieur et des hôtes de passage qui y sont reçus; elle est plantée d'arbres et de fleurs et possède une source qui sort du rocher au milieu des ruines. A gauche, une galerie des plus curieuses contenant 500 statues

en bois doré des saints bouddhiques de grandeur naturelle dans les attitudes et avec les types les plus variés,
les uns épanouis, les autres en extase, quelques-uns
mangeant, d'autres priant, il y en a d'assis, debout,
une étude approfondie de ces statues donnerait sur l'art
chinois des notions très complètes; mais tout cela n'est
encore que l'accessoire amusant du monument dont
nous avons aperçu de loin la silhouette se dessinant
sur le flanc de la montagne. Le voici enfin, au sommet
d'un escalier double accédant au premier palier supérieur ombragé de pins verts, le superbe portique en
marbre blanc, à trois ouvertures, entièrement sculpté,
avec deux retours de flancs s'infléchissant en avant.
Celui de droite représente quatre personnages person-
nifiant la loyauté, l'intégrité, la piété filiale, la chasteté
et sur le revers un lion jouant avec un lionceau; le
retour de flanc, un *K'ilai* et des génies du taoïsme.
Sur le flanc de gauche, quatre personnages glorifiant
les vertus officielles, et les mêmes accessoires, entourés
de guirlandes de fleurs sculptées dans le marbre, œillets,
liserons, marguerites facilement reconnaissables et d'un
effet charmant.

Il s'ensuit de cette décoration que ce portique est en
même temps bouddhique, taoïste et confucianiste, et
caractéristique du mélange des religions en Chine.
Dans l'ouverture centrale s'encadre le bloc du temple,
tout en hauteur, avec ses deux stupas, et ses quatre tours
qu'encadre la sombre verdure des pins. C'est une des
rares visions de pure beauté qu'offre la Chine, mais
aussi n'est-ce pas chinois !

Par un escalier intérieur en très bon état, on monte
sur la plate-forme supérieure qui est ornée de deux
monuments centraux, l'un derrière l'autre, décorés de
statues de saints bouddhiques, de têtes d'animaux et
ornements rappelant le style grec et surmontés de
treize toits superposés et d'un stupa, deux arbres
poussent dans une espèce de bassin de pierre, et deux
stupas aux flancs taillés en niches contenant des saints

Bouddhistes en haut relief s'élèvent à droite et à gauche. Derrière sont quatre tours carrées également sculptées jusqu'à mi-hauteur et finissant en pyramide par quatorze étages imitant les bouts de tuiles et de chevrons d'un toit ordinaire, puis un petit stupâ.

On tourne autour de tous ces monuments en bon état, bien que la balustrade qui fait le tour de la plate-forme soit déjà ébréchée, et on jouit d'une vue splendide, en arrière sur les montagnes rousses et nues dorées par le soleil, en avant sur la plaine où s'élèvent des temples et on voit jusqu'à Pékin au-dessus duquel on distingue la tour de la Cloche. Tout le long du chemin, à 25 mètres les uns, des autres se dressent des piliers à plusieurs étages dont on ne peut m'expliquer l'usage : ce sont des fortins ou des bornes milliaires.

Après un gai pique-nique dans la salle des hôtes, nous repartons au pas de course pour le parc de chasse, escaladant des brèches dans la muraille et des ravins pour aller au plus court. Devant le portail est une sentinelle qui nous demande notre carte de visite, moyennant quoi nous entrons. Il paraît que le Gouvernement chinois a donné cet ancien domaine impérial au P. Ma (cet ancien jésuite chinois défroqué devenu un conseiller du président) pour en faire une école de filles; il est en train de restaurer l'ancien palais à deux étages élevés avec des fenêtres, bâti dans le style thibétain, qui se trouve au centre de ce beau parc dessiné sur le flanc de la colline, il n'y manque rien, car il est arrosé par des eaux courantes recueillies dans une piscine tout entourée d'une galerie couverte où les élèves du P. Ma se baigneront à la place des concubines impériales. L'air et la vue sont délicieux! Il y a encore de forts beaux portiques jaunes et verts dont les débris jonchent le sol. Nous ne pouvons nous empêcher d'en emporter quelques-uns comme spécimens de ces belles faïences qui scintillent au soleil. C'est la plus belle excursion qu'on puisse faire en un jour de Pékin.

CHAPITRE XXXII

Le Tour du lac Faynan-See, Temple du Lama.

26 mars.

Hier, sous la conduite du major Hu, inspecteur de la gendarmerie, de M. Lou-fou-Sien, et du général Kiang, commandant du Palais, nous avons été faire le fameux *Tour du Lac* qui est le cœur de la ville impériale et la plus belle promenade de la capitale.

Le Président, averti de la visite des dames de la Légation, avait tenu à nous faire rendre les plus grands honneurs : à l'extrémité sud du lac, dont les eaux agitées par le vent formaient de petites vagues, nous attendait la jonque présidentielle, autrefois impériale, garnie de moelleux divans et couverte d'un toit rouge et doré. Douze rameurs nous ont conduits à la perche jusqu'au débarcadère de l'île de Kouang-su dont les toits et les portiques verts et jaunes étincelaient au soleil. Après avoir franchi deux cours entourées de pavillons, nous nous sommes trouvés dans la résidence du vice-président qui occupe les bâtiments où le malheureux empereur Kouang-Su était séquestré, tellement qu'on avait enlevé le pont-levis rejoignant l'île à la rive. On peut se demander d'ailleurs si Ly-yuan-Hong, qui a été impérativement rappelé de Wuchang (où me disait-on il était sous l'influence des révolutionnaires) n'est pas aussi un peu prisonnier dans son île. En tout cas, il nous a fait très gracieusement, en anglais, les honneurs de ses salons, meublés à l'européenne, en nous offrant une coupe de champagne. Il a une bonne figure, moins sournoise que celle de son président. En le quittant, nous avons fait le tour de l'île bordée de rocailles et de saules, et par une sorte de langue de terre, dans laquelle se trouvent plusieurs ponts, nous avons franchi le lac et passé sur la rive où se trouvent les anciens appartements de l'impératrice, occupés par Yuan; au milieu d'un jardin de rocailles et de canaux bordés de galeries, nous avons vu le théâtre, puis la salle d'audience (appelée *salle de longévité*) qui a gardé son ancienne décoration chinoise, en bois sculpté au-dessus des portes. Il y a un superbe paravent, orné de fleurs en jade, corail, etc..., quelques plateaux en laque de Foochard représentant des lotus, mais un affreux mobilier et rien de vraiment beau comme ce qu'il y a à la Légation. Au-dessus sont de petits appartements, et derrière, des bâtiments modernes où habite le Président qui nous a fait servir le thé dans cette salle : c'est le *pavillon des lotus du printemps ;* parmi les rocailles plusieurs kiosques, dont l'un est aménagé en salle d'étude pour les enfants.

Reprenant le bord du lac du milieu (au-dessus duquel nous apercevons maintenant le Peita) au delà du pont de marbre, nous revenons tous dans la jonque pour aller sur l'autre rive visiter le temple de *Wan-Shen-Tien* dont le plafond très élevé a une superbe rosace dorée. Les Bouddhas sont aussi dorés et encadrés dans de grandes auréoles de bois doré et sculpté. C'est un des mieux conservés; il remonte aux Mings (un kiosque entouré d'eau, en bois rouge, est habité par les concubines). Nous sortons enfin de l'enceinte pour passer sur le pont de marbre et apercevons devant nous le fameux pavillon (dit de Loti) au-dessus de son enceinte rouge; je demande si, en ce jour exceptionnel, nous pourrons y pénétrer?... le brave général fait signe que oui ! Nous montons dans la cour plantée, où se trouve la fameuse coupe des Han, la plus grande en jade connue, vieille de 2.000 ans, puis dans la salle aménagée pour l'ancienne chambre qui est veuve de ses députés et de sa *Kouaunin.* Nous passons sur la galerie extérieure d'où la vue plonge sur le lac du Nord, bordé dans le fond de ses trois temples et de ses portiques, et pour terminer ce tour du lac, je propose à Mme de M... de l'emmener au fameux *mur des 9 dragons* (1), et je lui montre en passant la villa de Mme Lou, le temple de faïence jaune et le superbe portique, puis celui des 1.000 Bouddhas, et celui du Paradis de l'Ouest avec ses quatre portiques et ses pavillons qui font une ceinture si colorée et si pittoresque au lac. Le général n'en revient pas de .voir que je connais tout cela mieux que lui, et il a de la peine à nous suivre ainsi que le major Hu, car nous avons marché presque sans arrêt de 2 à 6 heures.

Il y a quelque temps il m'avait conduite au temple de *Faynan-See* qui est dans l'ouest de la ville chinoise, dans un quartier pauvre et peu fréquenté; là il m'avait d'abord très galamment offert du thé et des gâteaux faits par les bonzes, puis montré toutes les curiosités du couvent qui a conservé des collections de beaux vases anciens, de peintures un peu délabrées, et de très nombreux Bouddhas, même au second étage. Il m'expliquait que lui et ses soldats venaient prendre le frais, l'été, dans la cour plantée. Ensuite il me mena voir un couvent de nonnes bouddhistes dont la supérieure est son amie : je vis apparaître une personne rasée, coiffée d'une petite calotte noire et vêtue d'amples robes qui ne me laissaient pas deviner son sexe. — C'est la supérieure, me dit le major en me la présentant, et aussitôt la conversation s'engagea avec lui comme truchement. Combien avez-vous de religieuses? demandai-je. — Environ 50. — Où sont-elles en ce moment? — *Au théâtre ! ! !* — Ah ! que font-elles ordinairement? — Elles lisent, écrivent, disent un petit office à 6 heures, et se promènent avec la permission de leur abbesse. Elles ont des rentes, et reçoivent des visites, mais elles ne doivent ni se marier, ni manger de la viande. Ce sont des jeunes filles qui ont fait vœu de vivre ainsi,

---

(1) Celui que j'ai fait photographier pour la première fois.

lorsqu'elles étaient très malades pour obtenir leur guérison. Elles ne travaillent ni n'enseignent. Ce sont plutôt des sortes de chanoinesses.

Au temple des lamas, que j'ai vu deux fois, il y a aussi pas mal de bonzes, jeunes et vieux, qui sont vêtus de vêtements sordides — et qui mendient — ils disent leur office vers 4 heures sur un ton nasillard, lisant ou faisant semblant, dans de gros livres thibétains, sonnant la cloche et brûlant de l'encens; ils font aussi quelques prosternements. Leurs coiffures, qui ressemblent à des casques romains avec une crinière, sont étranges, et leurs physionomies sont abruties. Ils possèdent un nombre infini de Bouddhas et de Kouanins dont le plus grand a 20 mètres de haut; sa tête touche le toit et il y avait autrefois des escaliers pour monter le voir.

Auprès est le temple de *Confucius* qui, lui, ne possède que des stèles et des tablettes, celles du philosophe et de ses disciples. Il a aussi les fameux tambours de pierre qui représentent les 18 provinces de la Chine et sont le plus ancien monument sculpté. Ce temple a fort bon air avec tous ses pavillons peuplés de tortues et de stèles et ses pins centenaires. Non loin est le temple des examens, avec un superbe portique et un gracieux encadrement de bassins en quart de cercle, bordés de balustrades.

CHAPITRE XXXIII

Le Mariage moderne.

4 *avril* 1914.

Je suis allée hier au mariage d'un ami du major Hu : mariage chinois à la moderne. Devant la porte de la maison se voyaient plusieurs de ces petits coupés légers qui ont l'air de joujoux et dont l'un, drapé d'étoffes voyantes, était celui de la fiancée. Les invités entraient, portant à la boutonnière, comme insigne, une fleur de chrysanthème rouge. On nous fit entrer dans une petite chambre donnant sur la cour où deux cierges rouges brûlaient devant deux images coloriées représentant des femmes européennes, images programmes de je ne sais quelle société américaine vendant du savon. C'étaient là les remplaçantes des ancêtres relégués je ne sais où. Le jeune homme et la jeune fille, habillés comme d'habitude, sauf deux nœuds de ruban rose dans les cheveux de la fiancée, se tenaient dans le fond, collés à la muraille, ne se parlant ni ne se regardant. La jeune fille d'ailleurs tenait les yeux obstinément baissés, ayant l'air absolument impassible. Il paraît que les jeunes gens ne s'étaient d'ailleurs jamais vus : il y avait comme témoins une parente et un parent, le major, qui, s'adossant à la table, prononça un petit discours en chinois qui nous fut traduit en anglais.

Il disait que le fiancé, son ami, était un bon officier, que la jeune fille était de sa famille, également charmante, et qu'il s'était efforcé d'arranger ce mariage pour le plus grand bonheur des deux; que désormais ce ne serait plus comme autrefois où les maris chinois n'étaient pas bons envers leurs femmes et qu'à l'avenir ils s'efforceraient de les rendre heureuses. Les Européens présents, un journaliste américain du *New-Yord Herald*, M. Gilles, applaudirent; les Chinois semblaient sceptiques.

Un autre discours, plus humoristique, succéda à celui-ci, et après de nombreux saluts, les invités furent priés de sortir, tandis que la jeune fille était conduite en face, dans la chambre nuptiale. Là, assise sur un lit de cuivre à l'européenne, entouré de rideaux blancs, elle dut subir les quolibets, les plaisanteries grossières de tous les jeunes gens qui ont pour but de lui faire préférer son mari. Un moment, nous crûmes que la pauvre fille allait se mettre à pleurer ! Et ensuite les hommes et les femmes, séparément allèrent festoyer. Il paraît que cela dure une partie de la nuit et que souvent la belle-mère doit rappeler à son fils ses devoirs d'époux pour qu'il vienne retrouver la pauvre délaissée. Des matrones couchent dans la chambre nuptiale. La fête dure plusieurs jours qui doivent paraître longs à la jeune femme.

Tel est le mariage chinois, dépourvu de toute cérémonie religieuse, de toute forme légale, de tout caractère sentimental. Ce n'est qu'un arrangement entre deux familles où l'on ne consulte en rien les goûts des deux époux. Le mari peut renvoyer sa femme, prendre des concubines : la femme n'a d'autre droit que celui de mère; elle est d'ailleurs en Chine sans existence légale; sa naissance n'est pas déclarée et on l'accueille par des doléances.

Est-il possible de réaliser plus d'abaissement et d'amoralité?

D'ailleurs, comme me le disait le P. Bunarlt en le reconduisant au Pétung, les Chinois ne croient plus à leurs anciennes idoles bouddhistes ou taoïstes; ce sont pour eux de vieux symboles. Les plus instruits des prêtres croient à un dieu suprême et créateur : le Ciel.

En ce moment il règne une liberté plus grande que jamais : on peut bâtir des églises, ouvrir des écoles sans faire aucune déclaration; jamais la propagation de l'Évangile n'a été plus facile. Seulement, au point de vue du confucianisme, il n'est pas vrai de dire qu'il peut se concilier avec le catholicisme, car le culte exige la croyance à l'âme de Confucius ou des ancêtres présents dans la tablette, et c'est à elles qu'on offre les sacrifices. Il est donc impossible à un chrétien d'occuper une fonction publique, car il serait obligé de prendre part à des pratiques superstitieuses. D'ailleurs, les mœurs sont très dissolues.

CHAPITRE XXXIV

Les Curios.

Nous venons d'apprendre par une lettre de M. P...
qu'il y a bien des objets plus chers à Pékin qu'à Paris
et qu'on y trouve en tout cas bien plus de choix. J'avais
été stupéfaite, en parcourant tous les magasins de curios
pour trouver un *Ming*, de voir qu'il n'en restait presque
plus un seul intact et que tous les marchands avaient
la prétention de vous vendre les vieux pots cassés et
recollés tout comme s'ils étaient neufs.

Je m'étais mise à étudier l'histoire de l'art chinois
dans le livre de M. Paléologue, celui bien plus complet
du Dr Bushet, afin d'avoir au moins une légère teinture
des différentes époques dont j'entendais parler sans
cesse : les Ming, les Kanchi, les Chienlun, et de mieux
comprendre aussi les différents styles des monuments
et des bibelots, bien plus difficiles à reconnaître, car
les Chinois ont le génie de l'imitation.

Ne me fiant pas encore à mes propres lumières, je
priai quelques personnes compétentes de m'aider, et
de me procurer un paravent peint et des tables laquées.
Je ne sus qu'après qu'elles étaient modernes et que l'or
s'en allait en grattant avec l'ongle. Avec Mlle P...,
j'explorai le quartier des marchands de bois pour
trouver une étagère et ces bois sculptés dont je rêvais.
Elle me fit faire d'assez bons marchés. Mme S..., pour
les broderies et les kossens, savait marchander comme
personne, parce qu'elle parlait chinois et qu'elle en
était connue. M. S.-P... voulut bien m'accompagner
deux ou trois fois pour choisir quelques spécimens de
porcelaine — Ming — famille rose et famille verte;
il nous mena chez un vieux marchand installé au fond

d'un temple où se pratique en grand la fabrication des pots recollés et j'en eus un très beau pour un dollar. Enfin M. C... me guida dans les ruelles de Leou-Litchou, le quartier des marchands de pierres dures pour acheter quelques jades. M. V... me conduisit chez les fabricants de tapis, car je voulais faire copier celui qui est si beau avec ses feuillages bleu foncé et ses fleurs roses sur fond blanc; malheureusement le marchand ne put ou ne voulut pas arriver à réduire le dessin.

Tout cela me faisait des buts de promenade, car, sauf quelques visites dans les Légations, vite terminées, je n'avais pas de courses à faire et le froid ne permettait pas souvent les excursions ou visites de temples.

A partir du mois de mars où la température permettait de sortir régulièrement, je pris le moyen de me faire accompagner d'un guide chinois parlant français et je pus ainsi découvrir quelques bois sculptés, et me faire conduire aux foires dont les principales sont celles de Longfousse, de Poukou-Ossen et du Leou-li-Tchav.

C'est toujours dans l'enceinte de temples désaffectés bue se tiennent les marchands forains dont la plupart sont les mêmes que ceux des boutiques : ils ont des vitrines à étagères où sont les tabatières, les pendentifs en jade, en corail, en améthyste, en agate, cristal de roche; les perles enfilées, les colliers d'ambre, les bracelets de corail, les cloisonnés, les bronzes. Sur le sol, les chaufferettes et les vases en cuivre poli, les porcelaines, les petits meubles en bois dur; puis viennen es petits personnages ou animaux en pâte, les jouetst si fragiles, canards, autruches, amusants, faits avɔ des pattes d'insectes, les petits acteurs, les chameaux en toile rose, etc... Plus loin ce sont tous les accessoires de la coiffure chinoise : fausses queues de pie, épingles en émail grossier, ou bandeaux en plumes de martin-pêcheur.

Il y en a des centaines, et dès que vous avez marchandé un objet, tous les marchands courent après vous pour vous en offrir un pareil, et c'est là qu'il devient indispensable de savoir quelques mots de chinois pour marchander; généralement, ils rabattent d'un tiers, quelquefois de la moitié, cela dépend des jours, mais il arrive qu'on est vite fatigué de se sentir le point de mire de tous ces brocanteurs et de tous les curieux attroupés, et qu'on n'a plus envie que de s'en aller. Le spectacle est cependant amusant, car des Européens se trouvant là mêlés à la foule chinoise, ils peuvent l'observer de près : les bourgeois se promènent en tenant gravement à la main une boîte ronde couverte d'étoffe que l'on prend d'abord pour un carton à chapeau et c'est la cage de leur oiseau favori qu'ils emmènent ainsi prendre l'air, car c'est une des manies des habitants de Pékin. Les femmes en toilette trottinent en bande ou tenant par la main leurs enfants rasés, sauf quelques mèches, et vêtus de petites tuniques à fleurs. Tout ce monde gesticule, crie, rit, car rien n'est plus bruyant que la foule chinoise et aussi rien n'est plus indiscret; ils vous marchent sur les pieds pour mieux vous dévisager, mais ne se fâchent nullement si vous les repoussez.

C'est seulement lorsqu'il fallut emballer tous ces meubles et tous ces objets que je m'aperçus que je m'étais laissée entraîner par le plaisir de cette chasse au bibelot. Pendant huit jours il me fallut, du matin au soir, surveiller les charpentiers chinois qui avaient fait les caisses sur mesure afin que les laques soient enveloppées de feutres, les bibelots d'ouate, les porcelaines placées dans des petits tonneaux mis à l'intérieur des grandes caisses. Le boy de V... ne s'occupe que des bibelots; pour les meubles, je dus avoir recours à Jean, qui me servit d'interprète et commandait aux coolies, car il n'existe pas à Pékin d'emballeur proprement dit; chacun doit se débrouiller soi-même, au risque de voir tous les objets arriver en morceaux. Je pris de moi-même la liste du contenu des caisses, mais il ne me vint pas à l'idée de peser les objets par catégorie, ce qu'il eut fallu faire pour présenter à Paris ma déclaration. Aucune des personnes à qui je demandai conseil ne sut me le dire, et quand M. M..., qui est marchand de curios, me donna ce renseignement, il était trop tard. Quand toutes les caisses furent prêtes, arrivèrent dans le jardin cinq ou six de ces petites chevrettes boucs à deux cornes qui ont l'air de joujoux, avec une demi-douzaine de coolies, et tout fut enlevé en une matinée pour aller d'abord à Shang-Haï par le train et de là au Havre par mer. C'est soit à la tonne, soit au cubage que taxent les Messageries; pour moi ce fut au volume, 75 francs par mètre cube. Toutes mes soieries, mon tapis, quelques vases partirent par la valise, mais si j'avais été bien informée, ce sont tous les pieds en bois sculpté que j'aurais expédiés, car tous ces menus objets de tabletterie payent en France des droits exorbitants de 225 %. M. M... m'a dit qu'il me faudrait tout déballer et peser par catégories pour faire ma déclaration, puis remballer pour que la douane recommence à son tour. S'il en est ainsi, c'est odieux et insupportable, mais je veux encore espérer que j'y échapperai.

CHAPITRE XXXV

La Chine actuelle, les affaires et les touristes.

La préparation de mes excursions me demandait aussi pas mal de temps, car Cook n'existe pas encore à Pékin et on ne trouve personne pour vous donner les informations les plus élémentaires. Cependant, au bout de quelque temps, lorsque les vieux Pékinois virent que je m'intéressais sérieusement à la Chine et voulais en voir le plus possible, des hommes compétents me signalèrent les monuments moins connus mais curieux de la capitale, et les détails de ceux des environs tels que *Pumgne*, les Silinx.

Enfin le Docteur mit à ma disposition sa fameuse bibliothèque, la plus complète de Pékin, pour y étudier les livres de Chavannes sur Lungmen et Kaiféou. C'est grâce à ces concours obligeants que j'ai exécuté mes projets. Quant aux Chinois que je rencontrais dans tous les salons, je me suis toujours efforcée de prendre contact avec eux, de causer avec eux, et surtout par les femmes, j'ai pu connaître un peu leur mentalité actuelle. A mesure que je l'étudiais dans son passé et dans son évolution actuelle, la Chine me passionnait d'ailleurs de plus en plus, et j'aurais voulu pénétrer un peu cette âme si complexe et si décevante, dit-on; mais parmi ceux qui ont le plus de rapports avec eux, missionnaires, diplomates, voyageurs, avec lesquels j'avais de fréquentes occasions d'aborder ce sujet, je recueillais les opinions les plus contradictoires. Les plus anciens Pékinois (MM. P..., R...), sont ceux qui me parurent avoir l'idée la plus favorable de l'avenir de la Chine, et ceci semble prouver qu'autrefois les Chinois donnaient aux étrangers une meilleure opinion d'eux que maintenant. Comme il arrive presque toujours, ils prennent les défauts de notre civilisation plutôt que les qualités.

Il faut avouer qu'ils doivent concevoir une singulière idée de ces Européens qui les envahissent et se ruent à la curée de leur pays. Innombrables sont les banques qui se fondent en ce moment pour prêter au Gouvernement les fonds dont il a besoin; c'est comme, naguère, pour la Turquie, à qui prendra la plus grande influence, et pour contenter tout le monde, le président a pris des conseillers de toutes les nations, fortement appointés, qui doivent naturellement se contredire. La France a sa bonne part en ce moment de ces concessions qui font enrager nos rivaux; la jeune Banque Industrielle dame le pion à sa sœur aînée la Banque d'Indochine et son jeune directeur, que j'ai connu presque enfant à Hanoï, a rapporté un important succès avec son dernier emprunt pour le port de Pakoy. C'est cela qui passionne, et je le comprends.

M. B... (qui rentre avec moi en France) me disait aussi que le chemin de fer de Tchouaking à Younnan va drainer à notre profit toutes les richesses du Setchouen, mais, hélas ! à quoi bon tous ces efforts et tous ces dévouements si la France même cède à l'Allemagne ses plus belles colonies. Quoi qu'il en soit, Pékin est devenue une des villes du monde où se traitent le plus de grosses affaires, car c'est un pays tout neuf à organiser au point de vue industriel et financier. Les douanes sont régies par des Européens ainsi que les postes, où malheureusement les Français n'ont pas toujours la part qui leur est due; restent la gabelle et les monnaies.

On commence aussi à voir arriver les caravanes de touristes menées par Cook ou par Lubin, et à notre grande surprise, nous avons vu débarquer des vieilles dames comme la marquise de C..., qui n'avait de la Chine qu'une idée fort vague et semblait n'y être venue que pour se donner de l'air. Ayant donné rendez-vous à son amie Mlle de B... à Pékin, elle s'est croisée avec elle malgré force télegrammes et est allée à Shang-Haï pour deux jours sans rien voir. Mlle de M..., la sœur de l'amiral, paraissait s'intéresser davantage au voyage, mais me disait que ses compagnons se souciaient peu de voir les temples, préférant la nature ou les curios. Ensuite ce furent les deux vieilles filles amies de Mlle de S...-L... qui, elles, au contraire, avaient bien étudié leur parcours et nous amusaient par la naïveté de leurs questions : la Chine est-elle un empire ou une république? Qu'est-ce que le bouddhisme, etc...

Il y a un courant de voyageurs qui s'établit depuis que les ruines d'Angkor et le Yunnan sont plus accessibles et lorsque le chemin de fer ira jusqu'au Se-Tchunen et à Pékin, cela doublera, mais rarement on prend le Transsibérien.

CHAPITRE XXXVI

Le Monde.

A mon retour de Longmen, commencèrent simultanément les répétitions des chœurs d'Orphée et de Sigurd et celles du menuet et de la gavotte. Il ne fallait rien moins que le savoir-faire, le tact de la maîtresse de maison la plus perspicace pour maintenir l'harmonie entre tous les chanteurs et les danseurs. Mme X... n'en voulait que pour elle; les choristes, plus ou moins inexacts, n'arrivaient pas à chanter d'accord. Grâce à Mme K..., chef d'orchestre, et à Mme C..., le résultat fut honorable et le 21 *février*, le tout Pékin applaudissait à cette tentative musicale.

Les danses anciennes donnaient encore plus de peine, car tout manquait; la musique, les costumes qu'il fallait improviser avec les ressources du lieu, la théorie, les danseuses qui se récusaient. Sans le dévouement de M. de L..., le grand impresario qui réinventa les pas, on n'y serait pas arrivé.

Enfin tout finit par s'arranger, le cotillon était arrivé; les intimes se réunirent pour disposer et présenter au mieux ces jolies babioles Louis XV et Louis XVI. Chacun donna son idée : un cygne, un traîneau doré, un arlequin, deux petits nègres, des bâtons dorés reçurent les éventails, les lorgnons, les tricornes, les calendriers, les glaces, etc... Les guirlandes de roses, de souples guirlandes électriques mêlées de fleurs, illuminaient les salons et du haut en bas de la maison ornée de plantes vertes, ce fut un ravissant coup d'œil que l'arrivée des invités presque tous costumés avec goût. L'ensemble était charmant, et des costumes anciens authentiques de Chine et du Japon, voire d'Angleterre et de Russie, mettaient une note exotique qu'il eut été difficile de trouver ailleurs. Le menuet *français*, une gavote internationale furent, un spectacle assurément bien plus joli et plus artistique que tous les tangos. On les bissa. Après le cotillon, les salons remplis de petites tables chargées de victuailles où soupèrent 150 personnes. Le bal japonais fut aussi charmant, avec ses bouquets artificiels de cerisiers fleuris, des plates-bandes de pivoines et ses glycines pendantes.

Pour résumer mes impressions de ce séjour exceptionnellement agréable, puisque toutes les conditiors se trouvaient réunies : attractions mondaines, voyages intéressants; je dirai que malheureusement la saison inclémente lui nuisait en me privant de sortir.

Nous n'apprenions les nouvelles de Chine que par le *Journal de Pékin*, auquel je m'étais abonnée. D'abord j'ai cru, en voyant la capitale, qu'il y avait quelque chose de changé en Chine. Depuis, j'ai vu combien c'était superficiel. Yuan Shi-Kay a peu à peu repris tous les anciens errements, supprimé le Parlement, les conseils provinciaux. Il n'a plus qu'un conseil qui prépare soi-disant la constitution et qui lui est tout inféodé. Il rappelle peu à peu les anciens personnages mandchous, comme le prince Tsing. Il a adopté les méthodes impériales pour se défaire de ses ennemis — par ruse ou par force. — Il n'a, je crois. d'autre ambition que de fonder une nouvelle dynastie. La corruption des fonctionnaires est toujours la même; d'ailleurs, tout ne roule-t-il pas sur le squeeze, passé à l'état de règle dans toutes les transactions (Jean ne m'a-t-il pas dit que dans les Légations, l'usage était de donner 10 % aux boys sur tout achat).

Les soldats non payés se font toujours brigands et désolent certaines régions de la Chine. L'esprit militaire ne semble pas accessible aux Chinois, pas plus que le patriotisme; c'est sans doute heureux pour l'Occident, et l'on se demande s'il faut se féliciter des efforts faits pour le leur inspirer? C'est pourquoi je voyais, sans plaisir, le jour de Pâques, les 80 élèves des Pères Maristes faire l'exercice devant nous après les vêpres solennelles. Ne sont-ce pas autant de serpents que nous réchauffons dans notre sein?

CHAPITRE XXXVII

Le Confucianisme.

3 mars.

Après la chute de la monarchie et l'avènement du régime républicain, on remarqua partout un courant d'opinion défavorable aux anciennes croyances païennes et une sympathie respectueuse pour le christianisme, mais bientôt il s'est opéré un revirement dont la campagne pour faire du confucianisme la religion d'État est l'épisode le plus marquant.

Un missionnaire de l'intérieur écrit que les paysans maudissaient leur Lao-Tien-Yé à cause des grêles, mais n'en continuent pas moins à rebâtir, replâtrer et repeindre les pagodes avec une ferveur croissante.

Le catholicisme en Chine est représenté par un sur 280; sur 440 millions, malgré son énorme propagande, le protestantisme n'a que un sur 2.069; le Tchely comprend à lui seul presque le tiers des catholiques, et Pékin 3,10 %. Mais les protestants s'adressent aux Chinois riches et influents, et c'est pourquoi ils auraient plus à redouter de l'adoption du confucianisme comme culte d'État, tandis que les catholiques opèrent dans les classes populaires.

Il est sans exemple, parait-il, qu'un catholique devienne protestant, tandis qu'il arrive souvent que les protestants se fassent catholiques parce qu'ils ne trouvent que là une certitude.

Toutes les missions protestantes de Pékin se sont unies pour arriver à une entente; elles ont dû laisser de côté l'article *dogmes* où elles diffèrent et ne s'occuper que d'œuvres morales : lutte contre l'opium, l'alcoolisme, etc.

10*

Dans leurs collèges règne l'esprit révolutionnaire, si bien que beaucoup de leurs élèves ont été remerciés depuis peu de leurs fonctions.

Le conseil administratif se préoccupant de la démoralisation qui sévit en Chine depuis la Révolution et se manifeste par la recrudescence du brigandage et le refus de l'impôt, a discuté le rétablissement du culte de Confucius et décidé que le Président offrirait le sacrifice annuel au Temple du Ciel; mais on agitait la question de savoir par qui le Ciel serait représenté, et il paraît qu'il y a six mois déjà que Yuan Shi-Kaï a fait venir l'héritier de Confucius avec les costumes anciens et tous les ornements.

Il est évident qu'il veut de plus en plus assurer sa dictature, s'il ne songe même à se faire empereur. Yuan Shi-Kaï va-t-il oui ou non offrir le sacrifice annuel au Temple du Ciel? Si oui, il pose sa candidature à l'Empire; le petit empereur va-t-il devenir le pontife du culte chinois? que va-t-on en faire? Telle est la question qui se pose en ce moment.

3 mars.

Le culte de Confucius a été pratiqué hier matin dans son temple sous les auspices de la société confucéenne. De bonne heure, le temple s'est trouvé rempli de ses membres aussi bien que d'étrangers. A 9 heures a commencé la cérémonie à laquelle n'assistait aucun représentant du Gouvernement. Les instruments de musique ancien style étaient déployés des deux côtés de la plateforme en pierre devant le hall du temple. Sur le pavé de la cour étaient étendus plusieurs tapis sur lesquels les fidèles accomplissaient la cérémonie du kotou; le milieu leur était réservé, et les spectateurs n'étaient admis que sur les côtés.

Peu après 9 heures une voix forte annonça du hall le commencement de la cérémonie. Un grand nombre de personnes chinois et étrangers, hommes et femmes adhérents de toute religion, furent appelés d'abord par le son d'un tambour. Après qu'il eut résonné plusieurs fois, commença une musique particulière : les différents instruments jouaient ensemble, et l'harmonie était réglée par le tambour et la cloche. Le kotou eut lieu ensuite : les prêtres revêtus de costumes de style ancien en drap blanc doublé de noir, avec des chapeaux ressemblant à ceux des Coréens, mais moins hauts : ils s'agenouillèrent trois fois et se prosternèrent neuf fois; la cérémonie fut répétée trois fois de suite, les fidèles s'agenouillèrent tandis qu'un officier leur lisait dans le hall l'éloge de Confucius : seuls les officiers et les prêtres étaient admis dans le hall et sur la plate-forme. Il y avait deux bandes de danseurs, l'une composée de vieillards, l'autre de jeunes garçons : les premiers dansèrent d'abord avec une clochette. dans la main droite. et une planche dans la gauche. Les seconds tenaient une plume et un bâton. Les danses étaient réglées aussi par le tambour et la cloche; tout était exécuté suivant les antiques traditions et se termina à 10 h. 1/2 après que les autres objets du sacrifice eurent été brûlés. Il n'y eut pas de bœuf offert et seulement trente-deux plats de mets cuits et crus sur la table. Quoique sans magnificence, le culte fut rendu avec respect.

On suppose qu'à l'automne, lorsque le Gouvernement y prendra part, il y aura plus de pompe. Après la cérémonie, il y eut des conférences sur les classiques confucéens dans le bâtiment derrière le temple, auxquelles assistèrent beaucoup d'étrangers et de lettrés chinois.

M. l'abbé Clément me disait hier que Mgr Jarlin ne verrait pas d'un mauvais œil la restauration du culte de Confucius, pourvu qu'on n'oblige ni les magistrats chrétiens ni les enfants des écoles à lui offrir des sacrifices, car sa morale est la seule existante : mais les jeunes Chinois le trouvent trop réactionnaire et prétendent que ses doctrines ont empêché leur pays de progresser.

CHAPITRE XXXVIII

Le Tombeau de Confucius.

25 mars.

Je ne voulais pas quitter la Chine sans aller visiter le tombeau du célèbre législateur Confucius et faire le pèlerinage du Caïchon qui est le Lourdes chinois, mais il est si difficile de se procurer des renseignements exacts que c'est seulement à la fin de mon séjour que je suis parvenue à les avoir ainsi que les recommandations nécessaires. J'ai aussi décidé à m'accompagner Mlle P..., mon aimable compagne du Transsibérien, et emmené le petit guide qui me servait à Pékin pour mes promenades.

Nous avons pris l'express du samedi matin qui part de Tien-Tsin à 11 h. 30 et qui nous a fait traverser le Chantoung, cette colonie allemande où tout porte déjà leur empreinte; les gares ont la forme de celles des pays rhénans.

A 10 heures, à Tai-on-fu, nous descendons du train et nous obtenons l'autorisation de l'ingénieur en chef qui avait été prévenu, par le consul de France, de nous installer pour la nuit, dans deux chambres de la gare, réservées à l'Administration : c'était rudimentaire mais propre, et nous pouvions manger sur le pouce avec les provisions apportées de Pékin.

Le lendemain matin, dès l'aube, nous montions dans les chaises spéciales, louées par notre guide pour faire l'ascension de la montagne sacrée qui a 500 pieds de haut. Ces chaises sont très légères et on y est complètement couché : lorsque les quatre porteurs qui se relaient veulent changer leur brancard d'épaule, sans s'arrêter, ils font faire à la chaise un tête à queue soudain et on se trouve avoir la tête où on avait les pieds : mais ces porteurs sont extraordinaires de vigueur, si l'on songe qu'avec leur fardeau, ils escaladent ces escaliers fort durs qui n'ont pas moins de 20 mètres, dit-on, du bas en haut en l'espace de dix heures.

Le Caïchon est une des cinq montagnes sacrées qui président aux quatre points cardinaux et au centre. Elle est la puissance mystérieuse qui répartit la pluie : c'est elle qui préside à la naissance et à la mort et le dieu du Caïchon est adoré comme le juge des enfers.

Une déesse féminine, la princesse des nuages colorés, a aussi son temple au sommet de la montagne, et c'est surtout à elle que s'adressent les pèlerins, car elle dispense la fécondité et la santé.

On trouve une série de hameaux, d'arcs de triomphe, de temples, de ponts dominant le cours du torrent qui passe au milieu de rochers grandioses : le défilé devient de plus en plus étroit, les rampes escaliers de plus en plus raides; on se demande comment les nombreux pèlerins et pèlerines que nous rencontrons peuvent gravir à pied cet interminable calvaire.

A 11 heures nous arrivons à la Porte céleste du Milieu où se trouve une auberge pour déjeuner : la vue de là est splendide : à nos pieds le précipice, en face de nous la montagne s'élève à pic et la route qui la gravit semble si inaccessible que je recule devant cette ascension qui prendrait encore la fin de la journée et nous forcerait à coucher à l'auberge chinoise du sommet. On m'a dit depuis que la vue du sommet n'en valait pas la peine.

Nous redescendons donc beaucoup plus rapidement et visitons encore avant la nuit quelques monuments. Il nous faut d'ailleurs partir avant le jour dans un nouveau véhicule, le seul qui permette de franchir la route à peine tracée qui mène au tombeau de Confucius. Les moyens de circulation sont encore rudimentaires; la mode est la brouette chinoise où l'on s'étend sur des coussins et qui est traînée par des hommes.

Nous arrivons un peu brisées au célèbre tombeau fort

simple, mais entouré d'un beau parc où s'élève encore un temple grandiose. Déjà l'heure est venue de repartir pour attraper le train qui doit nous ramener, et soudain nous sommes arrêtées par une patrouille de soldats chinois qui nous force à stopper : surprises et un peu inquiètes, nous obtenons, grâce à Mlle P..., l'explication de cette manœuvre : c'était une escorte envoyée à Mlle P... par son père qui est haut fonctionnaire de la Poste, pour nous inviter à déjeuner, et qui nous a rattrapées trop tard. L'heure du train nous force à décliner l'invitation qui eût été le couronnement de notre excursion.

Néanmoins, nous sommes ravies de notre équipée qui nous a fait pénétrer dans une région encore peu accessible aux touristes et fort curieuse par ses souvenirs historiques et ses monuments.

C'est celle sur laquelle l'Allemagne avait jeté son dévolu et posé sa griffe, maintenant desserrée. Les quelques villes y portaient déjà son empreinte.

Je rapporte un souvenir inoubliable de cette excursion que la société de Mlle P... m'a seule rendue possible, car il fallait savoir le chinois et peu de voyageurs l'ont entreprise.

CHAPITRE XXXIX

Patacheou. — Les Siling.

14 avril.

Je viens de quitter Pékin au moment où les prémices du printemps égayent un peu la face austère de la campagne chinoise. La veille de Pâques, en allant à Patachou avec M. D..., nous voyions la tendre verdure des saules trancher sur les murailles rouges et autour du lac de la tour de la Cloche; d'autres arbres en fleur formant une masse dorée et parfumée, puis, hors Pékin, des bouquets de cerisiers blancs et roses, qui me faisaient penser à ceux du Japon, égayant les vieux thuyas du cimetière des eunuques, près de la tour antique du Politchouang.

De la halte de Houang-sen, où nous avons quitté le train pour marcher à travers champs, nous apercevions, nichés à différentes hauteurs dans les replis de la montagne, les huit temples qui servaient autrefois de villégiature aux Légations pendant l'été. En une heure, nous sommes arrivés au premier, où s'installait, il y a trois jours une bande d'Allemands, suivis de toute une caravane de bagages.

Ce doit être charmant, en cette saison, de pouvoir ainsi se promener au hasard dans la campagne ! J'ai regretté encore plus de ne pouvoir rester davantage aux Siling, où nous étions le 7 avril.

Errer dans ce beau parc solitaire, au clair de lune, en suivant les magnifiques avenues dallées qui vont des trois superbes portiques de marbre blanc aux tombeaux des empereurs, en passant par une série de murailles de faïence, de ponts à balustres, d'avenues d'animaux et de terrasses grandioses où se dressent enfin les monuments qui précèdent le tombeau; voir à loisir tous les détails de cette nécropole unique au monde qui contient tant de tombes d'empereurs, ce doit avoir un grand charme.

Les toitures dorées se découpent sur un fond de sombre verdure qui tranche sur un cadre dentelé de montagnes violettes; les couleurs se marient harmonieusement et le site est choisi à souhait : des eaux courantes traversent le parc fort bien entretenu par extraordinaire, où les gazons sont étoilés de crocus violets qui semblent ici des fleurs funéraires. Il comprend dans son enceinte, des montagnes et des vallées et il y a plus de 10 kilomètres de l'entrée aux *Mouling*, la dernière des sépultures.

Notre caravane d'ânes et de chaises réveille les échos paisibles des bois et rassemble bientôt tous les gens du voisinage : les jeunes cavaliers infatigables, mettent au galop leurs montures, et cependant nous ne rentrons qu'au coucher du soleil qui met des ombres superbes aux flancs bossués et creusés des collines et empourpre les tombeaux. C'est une heure exquise !

Nous dînons et couchons dans le wagon spécial qui nous a amenés. Le lendemain, dès 8 heures, nous repartons pour le tombeau de Kouang-su qui présentait un autre genre d'attrait, étant le dernier fait et non encore terminé — des milliers de coolies y travaillent depuis quatre ans — et cet hiver seulement, les cercueils de l'empereur et de l'impératrice qui attendaient dans un palais près de la gare, y ont été transportés et enterrés au centre du grand tumulus entouré d'un mur de ronde crénelé qui s'élève derrière le tombeau. Les tombeaux d'impératrices sont presque semblables à ceux des souverains, mais ceux des concubines se distinguent par leur toiture en tuiles vertes, ils ne renferment pas de bâtiments autres que de petits pagodons en faïence et des monticules ronds en maçonnerie blancs ou roses, plantés en quinconce, et plus ou moins grands suivant leur rang. Je préfère les Siling aux Mings et suis bien contente d'avoir pu les visiter.

CHAPITRE XL

Le Transsibérien.

16 avril.

Quelle différence entre l'aller et le retour ! J'avais une compagne attentive et intéressante et je suis à peu près seule; dans les wagons-lits russes, nous n'avions pas éprouvé tous les ennuis et les difficultés que je viens d'avoir pour faire enregistrer mes bagages jusqu'à Paris.

A *Mandchourie*, M. B... m'a présenté un de ses collègues des douanes chinoises, grâce auquel j'ai pu faire plomber mes malles, sans quoi, j'aurais dû les ouvrir malgré mon bulletin de transit et la lettre de M. K..., et qui sait ce qu'ils auraient inventé? Mme B... avait emporté quelques poupées chinoises, on voulait les déshabiller pour peser leurs vêtements, etc..., cela lui aurait coûté 30 francs, elle a pu les faire mettre dans un sac plombé, mais paiera 3 francs d'excédent par kilo. Que de vexations pour des choses insignifiantes !

Enfin, me voilà tranquille jusqu'à Paris. La neige est fondue et hier a eu lieu la débâcle des glacis sur le Soungari, le grand fleuve commercial où les vapeurs sont à l'ancre. Les plaines que nous traversons sont complètement nues et désertiques; dans un mois, tout cela sera vert. Il fait très chaud dans le train, bien que rien ne soit allumé, mais le soleil est ardent, dehors, il règne un vent froid. On me dit que les barrières à claire-voie qui règnent le long de la voie sont destinées à retenir les neiges qui s'y amoncellent.

Borzia, 703 m. d'altitude. — Village en bois vert, rouge et jaune qui bientôt deviendra une ville. Les troupeaux de chameaux et de vaches commencent à se montrer, l'air est très vif. La voie monte toujours. Nous rencontrons un wagon de ces émigrants russes parqués comme des bestiaux dans leur wagon avec leurs peaux de mouton, leurs ustensiles de cuisine; toute la famille est couchée sur le plancher, les hommes en chemise rouge et grosses bottes, les femmes au profil pur, les enfants qui nous sourient. Ils ont l'air étonné et passif de leur race. Ensuite, ce sont des soldats qui s'écrasent pour mieux nous voir, aux portes barrées de leurs fourgons.

6 *heures*. — Nous traversons l'Onon, encore couverte de neige et de glaçons, sur un beau pont en fer; après avoir tourné autour de la vallée, encadrée de montagnes, nous stoppons en face de la petite ville aux toits verts et aux murs roses : *Oloviannoïn*.

18 avril.

Khilock se présente ce matin à 7 heures, les chalets verts et rouges sont semés sur les replis de la montagne plantée de sapins; de l'autre côté du train, c'est la rivière du même nom qui trace son méandre neigeux et glacé au milieu des îlots buissonneux. Cette fois, nous sommes en Sibérie. Le ciel est gris et brumeux, il tombe une neige fine, on rallume le calorifère; partout des arbres coupés près du pied et brûlés. De hautes collines boisées bornent l'horizon; un pâle soleil se lève; aux gares, les gens ont leur bonnet d'astrakan et leur pelisse de peau de mouton; crêtes vertes, rivière de neige, sol roux, voilà les couleurs de ce paysage hivernal. Mais, sur la lisière des forêts, s'élèvent de petites cabanes de bois peintes en rouge et parfois, on aperçoit des troupeaux de vaches paissant; puis viennent les premiers champs labourés.

Verine-Oudinsk, au confluent de la Séboya et de l'Ouda, au centre d'un superbe paysage de montagnes que les sapins veloutent de vert, et que la brume argente. Le soleil étincelle sur le cours glacé des fleuves; c'est plus pittoresque et moins aride que la Chine, on sent que tout s'élargit comme pour se préparer au lac Baïkal.

Le voici qui s'annonce de loin par les rangées de montagnes bleues qui l'encadrent, puis soudain l'immense nappe de neige apparaît à travers les arbres dépouillés; un traîneau glisse à sa surface. Nous tournons autour de la pointe et l'enfilons dans sa longueur; la ligne bleue foncé des montagnes va s'adoucissant jusqu'au bleu le plus tendre et se fond avec le ciel. Des lueurs roses et violettes couvrent la neige dont les vagues simulent l'eau, d'immenses bancs de nuages flottent dans le ciel d'azur et laissent filtrer les premières lueurs d'or du couchant : c'est grandiose, mais glacial. Je préfère la nappe liquide. Des vagues de glace sont figées sur les bords, du côté du soleil couchant une large déchirure se fait dans les nuages et l'or se réflète sur la neige. Une barre lumineuse traverse le lac; à notre gauche, les premières montagnes toutes noires ont des plaques de neige et derrière est une chaîne aux sommets tout blancs.

A *Missavaïa*, 20 minutes d'arrêt, nous pouvons approcher du bord et embrasser tout ce qu'on peut voir du lac, la pointe de gauche que nous allons tourner, et l'immense bassin de droite dont nous ne pouvons apercevoir la limite : 34 kilomètres carrés, cela fait rêver! Un ménage américain va se promener sur le lac dont la croûte épaisse ne fondra qu'en juin! A mesure que le soir tombe, les montagnes bleuissent jusqu'à l'indigo, le lac devient bleu pâle et semble presque liquide. Les étincelles de la locomotive tracent en passant des filigranes de feu sur ce fond couleur de nuit et me font penser à certaines robes chinoises en kosseu brodé d'or.

Deux heures du matin. — On nous réveille dans le premier sommeil et il faut encore une fois déménager pour passer dans le train d'à côté exactement semblable. Mais la nuit est coupée : on se sent brisé.

19 avril.

Ce matin, tout est sous la neige ! Nous traversons un pays boisé, coupé de marécages qui paraît bien plus sauvage que cet automne, avec ses troncs noircis; à la première station, le son d'un accordéon m'attire à la portière, et je vois des soldats qui dansent dans la boue, avec leurs grosses bottes, les danses nationales que nous avons vues à la Légation de Pékin. Ils ont l'air pleins de gaieté et d'insouciance, ces solides gars, aux moustaches blondes, qui semblent de grands enfants. C'est la Pâque russe qu'ils célèbrent ainsi, et hier soir, on apercevait, du train, une retraite aux flambeaux. Ce soir, nous stoppons devant une chapelle en bois jaune qui sonne à toute volée, nous nous précipitons mais elle est fermée. L'entrée est toute jonchée de rameaux de sapins.

Voici nos beaux bouleaux, sans leur toison d'or, mais cette masse de troncs d'argent pressés est encore d'un bel effet jaillissant de la neige comme une colonnade de marbre.

21 avril.

Les Monts Ourals, tous ouatés de blanc, crêtés de sapins noirs, étaient resplendissants de soleil : cela ressemblait à l'Écosse ou aux Vosges.

22 avril.

Traversée du Volga qui roulait des morceaux de glace brisés, sous un pont immense, plaines et pluie. Demain, se disperse toute la colonie revenue de Pékin. Le train était une vraie nursery où les cris et jeux des enfants mettaient de la gaieté. On voisinait dans le couloir, aux arrêts, au restaurant. J'avais une agréable compagne, Mrs R..., une Écossaise, veuve d'un médecin qui a passé 28 ans à *Fvochou*, où sa fille est mariée. Il y a 11 ans qu'elle n'a vu son fils cadet, qui est ingénieur dans l'Inde. Quelle vie que celle des mères anglaises !

Voici *Moscou* rutilant sous le soleil ; du haut des terrasses crénelées du Kremlin, l'œil embrassait le cours de la Moskowa, s'arrêtait aux dômes dorés, étincelant de tous côtés, mais, chose singulière, bien que les vieilles églises qui m'avaient tant frappée il y a 10 ans, fussent remplies d'une foule de pèlerins dévots, faisant queue pour aller baiser goulûment les reliques des saints cachées sous verre, je n'ai pas ressenti la même impression que naguère, à ma première visite — impression défavorable de fanatisme et de luxe barbare — et ces démonstrations m'ont plutôt semblé enfantines ; les palais jaunes m'ont paru dépourvus de style et de beauté.

Varsovie que je traversais pour la première fois, m'a plu au contraire par l'aspect élégant de ses magasins, ses larges avenues plantées d'arbres, ses perspectives ouvertes sur la Vistule, et puis quelques vieilles églises tranchent aussi sur les monuments modernes et rappellent toute une histoire touchante — un long martyre.

Ce matin, au lever du soleil, Berlin m'a paru assez grandiose, *kolossal* et très propre, mais toute cette région du bassin de la *Ruhr, Bielefeld, Dortmund, Munchen, Gladbach,* est vraiment exubérante de vie industrielle et agricole à la fois ; la campagne est ravissante sous ses jeunes frondaisons, ses blés et ses gazons d'émeraude, ses arbres fleuris. Les cheminées d'usines n'arrivent pas à la déparer, les maisons de briques rouges égaient la verdure, les grosses cloches à jour s'élèvent au-dessus de toutes ces fabriques qui se touchent ; mais, hélas ! en face de cette race âpre et conquérante, saurons-nous défendre notre patrimoine contre l'envahissement ? Ne comptons-nous pas trop sur les faux amis, tels que l'Angleterre, dont on applaudissait les souverains à Paris hier ? Que vont nous donner les élections d'aujourd'hui ? Hélas ! je n'ai pas encore repassé la frontière, et déjà je suis assaillie par tous les soucis coutumiers : politique, famille, fortune, car l'impôt sur le revenu est voté, celui du capital n'a échoué que par l'invraisemblable chute du ministère. Mes belles et bonnes vacances de 7 mois sont finies. Il va falloir rentrer dans la lutte, mais quels souvenirs je remporte ! Traverser en 12 jours la Chine, la Sibérie, la Russie, l'Allemagne, la France, c'est-à-dire l'Asie et l'Europe dans leur plus grande largeur. Passer des plaines encore arides et désertes du Petchili, des rives glacées du Baïkal, des forêts de pins couvertes de neiges des monts Ourals où glissent les traîneaux, aux campagnes déjà fertiles de la Pologne, où les maisons de bois semblables à des jouets d'enfants tachent la verdure, aux villes surpeuplées de Hanovre et de Westphalie, d'où monte une forêt de cheminées d'usines, de hauts clochers de briques, de fabriques se touchant toutes au milieu d'une floraison épanouie de prairies d'émeraude et d'arbres fruitiers :

Passer des pagodes à treize étages et des grottes boudhiques aux clochers bulbeux, puis aux flèches en briques à jour : comparer Pékin, Irkoutstk, Moscou, Varsovie, Berlin.

Passer du Chinois insouciant qui pullule dans sa misère, du Bouriate demi-sauvage, aux Russes à peine civilisés qui font queue dans les églises saintes du Kremlin pour baiser les icones et dont les longs trains d'émigrants emportent des familles entières vers les solitudes de l'empire, puis aux Allemands guerriers et industriels, dont la puissance éclate en signes matériels couvrant le sol, étroit pour leur race débordante; puis à nos champs, à nos villes, hélas trop peu vivantes, où l'art ancien et la douceur de vivre trahissent une race arrivée au suprême degré de la civilisation, n'est-ce pas faire en même temps qu'un demi-tour du monde, une revue de l'histoire de l'humanité à ses stages successifs et accumuler dans les yeux et dans le cerveau presque plus d'images et d'idées qu'ils n'en peuvent contenir !

Pour compléter ce tour, il sied d'aller ou de revenir par mer, de façon à voir les merveilles du Japon, la ligne si pittoresque du Yunnan, cette Suisse d'Indochine, les ruines gigantesques d'Angkor, les splendeurs végétales de Java et de Ceylan, l'Inde immense, si variée, le Caire, le canal de Suez, chef-d'œuvre du génie français, c'est le parcours que j'avais fait il y a 10 ans, et qu'accomplissent maintenant des bandes de touristes conduits par des guides bien inspirés.

TABLE DES MATIÈRES

IMPR. DE MONTLIGEON. LA CHAPELLE-MONTLIGEON (ORNE). — 16913-8-26.